1時間で要点学び！

10年続く繁盛店づくり

鎌田 哲至
Tetsuro Kamada

はじめに

1 飲食店をとりまくさまざまな問題

この書籍は、飲食店経営における視点から記載しておりますが、あらゆる事業においても重要な要素が沢山詰まった一冊となっております。是非ともご一読していただくことで、解決のお手伝いができれば幸いです。

現在の日本が抱えている少子高齢化という問題は、飲食店に対して大きな逆境をもたらしています。高齢者は体力が落ちることで、食物を摂取する機会が減少します。また、外食に出かけることができず自宅で食事をすることが多くなります。よって高齢者の増加は飲食店の需要を下げることにもなります。また「少子化」は、消費する食材の量を減少させると同時に、労働資源の減少にもつながります。よって飲食店においても慢性的な人材不足につながります。

これらのことを踏まえると、時代の流れと共に変わる経営スタイルや多様化をいち早く察知し、順応していく必要があります。しかし「これを実践すれば、あなたのお店も○○店のような繁盛店になれる」というようなフレーズを、広告やセミナーなどでよく耳にしますが、繁盛店と言っても、お店によって立地環境やマーケットも違います。また、経営者によってもスタイルや、コンセプトもさまざまです。

これらのことを陸上競技に例えるなら、それぞれの種目によってトレーニング方法も違えば、勝つための手法も違います。100メートル競技で金メダルを目指す選手が行っているトレーニングを、砲丸投げ競技の選手に取り入れて金メダルを取れるかと言うと、そうとは限りません。同じように飲食店経営においても同じことが言えます。

また、飲食業は他の産業に比べて経営寿命が短く、飲食店の閉店率は一年目で約3割。二年目になると約5割が閉店し、三年目では7割にも達するというデータも報告されています。

これは、この書籍で後に記載している業態疲労と経営戦略に該当することでもありますが、これだけ厳しい経営状態が叫ばれていても、何十年も続く老舗の飲食店が、今でも元気に生き残っていたり、新しいお店が、毎年星の数ほど出店しています。つまり、如何に厳しい現実があろうとも飲食店経営とは人の心を動かすなんとも言えない魅力に包まれている産業でもあります。

2 飲食店コンプレックス

この書籍に記載されているコンテンツ項目をご理解していただくうえで、著者が公言する「飲食店コンプレックス」というものが関係してきます。

どういうことかというと、本来、高い志、高いレベルのサービス、高い技術が組み合わさって出来ている飲食業界であるのに、一部の質の悪い店舗経営の存在によって、社会的評価が損なわれることがあります。また、コロナ禍のパンデミック時のように社会的混乱の影響を受けやすい職種でもあります。このような飲食業界が抱え続けてきたコンプレックスを解決することができれば、この仕事への希望も生まれ、優秀な人材も集まってきます。

そのために、これからの飲食業の源となる「人」が、もっと自分たちの仕事や、お客様に対するおもてなしについて、真剣な想いを持っていただき、そのために必要なものを飲食業の人たちと「共有」することが今回の書籍を執筆した目的としています。

3 数ある専門書の信憑性を見極める

そのうえで、一言で飲食業と言っても、様々な業態や市場が存在するわけですが、例えば、大都市圏と地方都市の繁華街や、住宅地域でも市場ニーズは全く違います。また、居酒屋業態やカフェ業態などにおいても、地域性や、地産地消の活用の仕方にも違いが生まれます。

つまり、書店のビジネス書のコーナーに置いてある「繁盛店の作り方」「行列のできる人気店の成功ノウハウ」といった書籍はいくらでも見つけることができますが、あらゆる業態や市場で成功をおさめることができるようには、メソッド化がなされていないことを知っておく必要があります。

また、その筋の現場を知らない経営コンサルタントの執筆したものが、表層的で机上の空論でないかを注意する必要があります。なぜなら、彼らはコンサル会社の経営者や社員であって、飲食業の経営理論、現場のノウハウを本当に知って書かれている書籍かどうかは、その人のこれまでのキャリアに左右されるからです。もし、そうではない場合、その書籍に書かれたことを行っても、お店が繁盛店になるための手助けにはならないかもしれません。

4 著者について

飲食関連の書籍には、理論と現場ノウハウを両方の視点から例えている書籍が少ないと感じます。そのため、私はこれまでのキャリアを生かして、どのような業態の飲食業であっても、必ず繁盛店になることのできるノウハウを具体的にそして分かりやすく記した書籍をこの世に出版したいと思うようになりました。

私自身、幼少の頃から喫茶店を経営する両親のもとで育ち、共働きの環境で育ったこともあり、晩ごはんは、喫茶店の厨房で働く母の料理を調理の合間に食べるという日が多く、調理の流れ、その味つけなど間近でよく観察する環境にありました。

また、父は、トヨタのセールスマンを経て、その後に脱サラをして喫茶店経営をスタートさせたわけです。今となっては、父の人生観、母の料理の技術が私の原点だと感じています。

私自身は、和食料理人としての修行を経て、当時、飛ぶ鳥を落とす勢いで各都市の一等地へ出店攻勢を行っていたスターバックスコーヒージャパンの社員でもあり、その後に、飲食業におけるフランチャイズビジネスの世界で一世を風靡したベンチャー・リンクグループ出身でもあります。そして、独立後に飲食事業やコンサルティング事業の会社を立ち上げ、経営してまいりました。

それ故に、外部からの理論に基づいた冷静で的確な「眼」と、実際の現場でスタッフと共に強い店を築いてきた「情熱を持った理論」の両方から、適したノウハウを皆さんにお伝えできる強みを売りとさせていただいております。

是非、この書籍で記した内容を的確に実践していただき、繁盛店の仲間入りを果たしていただきたいと願っております。

第3章 顧客が求めている心理とストーリーとは何か

〜危機に負けない飲食店をつくるための理論〜

第4章 儲かる飲食業の方程式

〜いつでも強い店をつくる実践メソッドと、これからの飲食店経営の力になる哲学〜

第5章　著者が現場で経験した繁盛店を作るための飲食店成功事例 …… 91

〜具体的な逆境を乗り越えたストーリー〜

第6章 行列のできる繁盛店への第一歩

[第1章]

なぜ、これまで通りの飲食店経営ではダメなのか

飲食業界の置かれている現状と課題

1 リスクの大きい飲食業界（念入りな開店計画）

先にも述べた、本来、高い志、高いレベルのサービス、高い技術が組み合わさって出来ている世界なのに飲食業における社会的評価は決して高いとは言えません。

何故なら、飲食業は他の職業と比べた時に、非常に簡単に参入しやすい業界の一つとも言えるからです。脱サラや退職を機に飲食店を始めてしまう人は数多くいます。たしかに、飲食店はどこにでも見かける、日常の生活に深く密着した業界です。また、冒頭でも書いたような飲食店の成功ノウハウと記した書籍もたくさん目にすることから、それを真に受けることで簡単に成功すると思いがちです。しかしながら、飲食の世界に参入することは予想以上のリスクがあることを知ることも、開業における準備と言えます。

これこそが、私が述べる、「飲食店におけるコンプレックス」と言えるのですが、より細分化して飲食店経営の仕組みについて説明していきます。

はじめに、飲食店を開業するには、念入りな開店計画が必要となります。当然のことながら、開店資金が必要になります。退職金など十分な資金を持って望むのであれば良いかもしれませんが、その後、うまくお店が軌道に乗らなければ、あっという間に資金が途絶え、しまいには借金をすることになりかねません。

というのも、店舗運営には開業までに必要なイニシャルコスト（初期費用）と、開業後の運営において、売上が上がらなくても必ず発生するランニングコスト（固定費）があります。例えば家賃などの毎月定額で支払うものがそうです。また、人件費や、食材を仕入れる費用は、その月の売上によって変動します。このような経費をうまくコントロールして、最終的に無駄なロスを失くすことが重要なコスト管理となります。

念入りな開店計画

開業・資金計画	商圏調査	立地診断
資金計画 雇用計画 開業計画 事業シミュレーション	競合店 消費者動向 マーケット人口 営業時間 組合・団体 行政規定など 雇用形態 リスク 取引先	交通機関 乗降数 物価・季節指数 人口種別・流動人口 賃料相場 出店形態

コスト管理		売上獲得（客数×単価）	
変動費	固定費	顧客ターゲット	コンセプト
原価・ロス 人件費 水道光熱費 販売促進費	家賃 償却費・借入返済金 他管理経費	新規客 リピート客 宴会・団体客 招待客 ハンドアウト 宅配・テイクアウト ランチ客 クーポン客 口コミ客	商品 接客レベル ターゲット層 差別化 内外装・雰囲気 店舗デザイン

他管理コスト	接客・販促	商品管理
償却費・借入返済金 役員報酬 福利厚生・税金 利益・貯蓄 PL（損益計算書）	オペレーション フェア・イベント アンケート アップセールス SNS・宣伝告知 ちらし配布 視認性 媒体掲載 商品開発	味・盛り付け 食材・品質 価格・コスパ 演出・特別感 特化食材・季節別紙 人材（調理スキル）

教　育	運　営	ルーティン管理
従業員教育 ミーティング ルーティン業務 クレーム対応 ベンチマーク	風土・組織作り マニュアル作成 POP作成 商品管理 アンケート集計 販促計画・PDCA シフト管理 コスト管理	継続 落とし込み ツール作成 PDCA

しかし、イレギュラーなことも最近では発生しており、食材の価格が高騰した、M&Aで大手企業の買収により、思わぬ競合店が出現したなど、経営を困難にするリスクは数多くあります。特に、2020年にパンデミックを起こした新型コロナ・ウイルスなどの新たな脅威は、お店の開店自粛要請や、営業時間制限などの、今後、思わぬ事態に想定する可能性を秘めています。

それだけではありません。飲食業は、人間の口に入る食品を扱う世界でもあります。

衛生面のリスクは絶対に避けねばならない問題です。日々の清掃を徹底し、消毒や取り扱う食品の鮮度の管理を怠らないことが重要となります。開店後、繁盛店になったとしても、食中毒を出してしまえば、社会的な責任を問われることになります。当然、行政の立ち入り調査が入り、公にすることになりますから、今まで築き上げてきたお店の評判がガタ落ちになり、そのまま閉店ということにもなりかねません。それゆえに店内を常に清潔に保つことは、食中毒や害虫の発生を防ぐ上で大切なポイントです。

また、飲食業は接客サービス業であるということも忘れてはなりません。どんなに美味しい料理を顧客に提供することができても、そこで働く従業員の接客態度に問題があれば、顧客を定着させることができないばかりか、確実に顧客離れを起こしてしまいます。後に述べるコーチング教育とも繋がりますが、従業員の接客教育についても細心の注意を払わなければなりません。

これら以外にもどのようなリスクが待ち受けているか分かりませんので、そうしたことをすべて考慮に入れた上で開店計画を考えることが、成功への鍵となります。

2 安ければ客が入るの嘘（付加価値を創造する）

「良い品をより安く」というキャッチフレーズを聞いたことがあると思います。これは、良い商品をより安く提供することで、お客様に満足をしてもらえるという発想からくるものなのか考えてみたいと思います。

コーヒーのお話で例えると、仕事の合間にちょっとしたブレイクということであれば、ファストフード店を利用する機会が多いのではないでしょうか。しかし、ゆったりと優雅な時間を楽しみたいと思えば、ファストフード店ではなくホテルのラウンジや、豆を挽くところから厳選したこだわりの一杯を提供するコーヒーを求める人もいます。

ですが、もしファストフード店でコーヒーの値段が、1杯1000円だったとしたら、まず顧客は来ないでしょうし、逆に大きなソファーにゆったりと座ってピアノの演奏を聞きながら飲むコーヒーが1杯100円だとしたら、顧客は違和感を感じるのではないでしょうか。

顧客は必ずしも、値段ありきで満足度が変わるわけではありません。お店を利用する目的は、ただ単にお腹を満たしたい、喉を潤したいといった目的ばかりではなく、来店意欲を掻き立てるための目的を考え、それを満たす条件（付加価値）を整えてあげることが必要です。

そのため、

◯どの顧客層をターゲットにするのか

◯お店を出すエリアの市場（どういった地域の何を求めてくる顧客が多いか）

◯顧客の心理的特徴や行動的特徴を考える（どういう目的で、そこで何を求めるか）

という点を開業計画の段階でしっかり考えておくことが大事です。

つまり、自店に対する顧客の来店動機が自店のアピールすべき魅力（付加価値）にマッチするかどうかが大切となります。

3 客が入っても利益が下がる謎とは（回転率と客単価＋利益率）

お店の売上を上げるということは、新規来客数とリピート客数を増やし、売上額を伸ばすことですが、そのためには顧客の回転率と客単価が関係してきます。

回転率は、「顧客の数÷客席数」で求めることができます。また、客単価は、メニュー価格設定・構成・提供するポーション（量）によっても影響を受けます。回転率と客単価が高ければ売上が増えるということは、以下の計算から求めることができます。

売上高＝客席数×客席回転率×客単価×営業日数

勿論、顧客一人当たりの単価が小さい場合は回転率を上げなければ利益が得られません。逆に客単価が大きければ、回転率が高くなくても利益を得ることはできます。この仕組みは、いかにリーズナブルで低コスト、回転率を重視する大手フランチャイズ店か、逆に、個人店主が経営するこだわり食材を用いた、高単価なお店かに置き換えることもできます。

また、回転率と客単価の双方を同時に上げる考え方もあります。つまり、お店が提供する料理の種類やコンセプトによって、強みにおける明確な打ち出し方が変わってくるわけですから、どちらを重視するかを見極めることが重要なのです。

それでは、「利益」という観点で考えるとどうなるでしょうか。必ずしも顧客の回転率や客単価に比例するわけではありません。

①例えば、客席数が30席の飲食店で1日120人の来店があったとします。この場合の回転率は、120÷30＝4とな

り、1日の間にお客様が4回入れ替わった（回転した）ことになります。

②次に、この飲食店の平均客単価が1000円とすると、120人の来店がある場合、一日の売上は12万円となります。

しかし、①において回転率が上がったからと言って利益率が上がるとは限りません。回転率が上がると言うことは、多くのお客様が来店されるわけですから、料提提供に遅れがあると、注文数が減り売上も上がりません。また、スタッフの数も揃えないといけませんし、オペレーションに無駄があると、人時生産性（1人当たりの売上生産効率）も下がってしまい、人件費のロスが発生します。

次に、②において客単価を決定するのは、お店で提供するメニュー一つ一つの原価率に関係してきます。というのも、一点のメニューのみを販売している飲食店では、売値価格から仕入れ価格を差し引いたものが、粗利としてお店の利益率を決定しますが、数あるメニューを提供する場合は、商品それぞれの利益率によって左右されてしまいます。仮に顧客回転率が2倍になっても、利益率の低いメニューばかりが売れてしまったのでは当然、売上に対する利益も比例するわけではありません。

また、料理の食材仕入れ値は、社会情勢によって大きく異なります。近年で言えば、小麦粉の世界的産地が、戦争の影響によって小麦の輸出ができず、小麦粉が高騰したり、国内においては玉ねぎの記録的不作によって、玉ねぎの価格が大きく高騰しました。こうした原料価格の変動と同時に、メニューの値段も簡単に変動できれば良いのですが、それは逆に顧客離れにつながる可能性もあります。また、メニュー

BOOKそのものを変更するコストと時間も費やします。どのタイミングで変更するかは、重要な判断となるでしょう。

ですから、客回転率と客単価を上げることは大変に重要ですが、そのためには、それぞれの仕組みを理解したうえでコントロールができなければ、思った成果を上げることはできません。

第1章のまとめ

1時間だけで要点を学ぶポイント！

- 店舗回転にはなによりもリスクを考えた綿密な計画を立てる
- お客様が付加価値を体感できるようなサービスを展開する
- お客様の回転率と客単価から利益率を考えたメニュー構成が必要

[第2章]

あなたが本当にやるべきことは

逆風の中でやるべきこと、見直すべきポイント

1 あなたのお店の売りは明確になっているか（モノとコトの違い）

起業をする時に考えなければならないのは自分の「お店の売り」が何かということです。特に競争が激しい飲食業界においては、自らのお店の商品価値を明確に打ち出さなくてはなりません。

例えば、同じラーメンであっても、自分のお店で提供するラーメンが、他のお店との差別化ができていることに気づいてもらえる発信ができているかどうか、また、実際に食べた人が、また来たいと思わせるような付加価値を持っていただけたかどうかが大事になります。

マーケティングには、「モノ売りではなくてコト売りをしなくてはならない」という概念があることをご存知でしょうか。

ここで言う「モノ」とは「商品」そのものを言いますが「コト」とは「体験」を示しています。なぜなら今の時代、モノから得られる体験を重視していく傾向が強くなっているからです。つまり、モノがあふれている今の時代において、いくらでもある「モノ」ではなく、お客様の求めている体験（コト）を自社のメニュー（モノ）でどう具現化することが出来るかを考えなくてはなりません。その具現化の方法こそが、あなたの店の「売り」となっていきます。

「ラーメン」業態で例えた場合に、自分のお店で独自の「味噌ラーメン」を提供しているとします。

「当店では、口当たりがよく出汁の旨味を引き出す富士山の伏流水を使用し、出汁には、和出汁と丸鶏を用いて、ベースに白味噌と赤味噌のブレンドをまぜた濃厚ながらもあっさりとしたスープが自慢です。そんなスープにしっかりと絡む○○○麺は、毎日手打ちする自家製麺で、年配の方にも女性にも優しく味わえる逸品です。」

といった様に、お客様が求めているものと一致したものを、先にも述べた開業計画の内容に沿って、自社のメニューで実現してあげることにより、お客様がその体験をすることができる。これがあなたの店のメニューの商品価値であり、「強み」になるわけです。

また、もう一つ自分の強みを明確に持つために必要なものが、「計画された偶発性理論（Planned Happenstance Theory）」と言われる考え方です。これは、スタンフォード大学のジョン・D・クランボルツ教授が提唱したもので、独自のアイデアや発想というものは、計画的に作ることができるのではなく、思いがけない出会いなどのように、予想しない偶然によって生み出されるものという考え方です。

実際に成功している人がどうして成功したのかを聞くと「偶然です」「ご縁です」といった言葉が出てきます。しかし、これは謙遜しているわけでも、本当に何も考えずにチャンスが生まれたかというと、そういうことでもありません。そこには、綿密な市場調査を行い、何度も何度も興味をもって取り組むことや、失敗を重ねながらも、しっかりと行動し続けていくことにあります。 それにより、点と点が結ばれながら一つの形となったものが、自分自身の「強み」となることも多々あるわけです。

もし自分の店やメニューの「強み」が何なのかが、まだ明確になっていない方は、改めて店舗を立ち上げた当時のこと、商品開発をおこなっているときの背景をもう一度思い出して、そこから再度、自店の「強み」更には「弱み」が何なのかを明確にしていくことが大切です。

2 ベストワンよりオンリーワン（出店する地域におけるマーケットの把握と差別化）

折角、自分の店を持つとなると、同業他店のどこよりも人気があり、優れた店にしたいと思うのは当然のことだと思います。しかし、多くの同業者がいる中で、誰もが、すべてベストワンになることはできないわけです。そこには他者と競争が発生するわけですから、ベストワンになれるのは常にたった1店であって、そこの座を巡って日々熾烈な戦いが繰り広げられることになります。もちろん、ベストワンを目指すという、その志をもつことが自分自身のモチベーションにつながっているという人には、違う意味で必要な要素でもあります。

しかし、同業態のベストワンを目指すために熾烈な戦いを繰り広げる世界の話で言うなら、そもそも競争する必要性があるのかどうかという考え方が、時に存在することはご存じでしょうか。

どういうことかというと、「自分の店を繁盛店にしたい」「店の収益をあげたい」ということであれば、他店と競う必要はないという考え方です。つまり、飲食店では、人間の三大欲求の一つである食に関わる業種でもあることから、自分の店にだけ通うという顧客は正直いません。どんなに美味しく魅力的なメニューを提供しても、毎回食べていれば必ず飽きが来ますし、他店にもたまには行ってみようかと思うのも事実です。

そうであれば、競争するという概念ではなく「ベストワンよりオンリーワンを目指す」といった考え方も、戦略のひとつであることを忘れてはなりません。つまり、競合のひしめくエリアで一番を目指すのではなく、エリアのなかで自分にしかないものを提供することで、おのずと他店との闘いではなく、日々自店とのブラッシュアップのために戦っていく戦略です。

そういった経営戦略の一つに「ブルーオーシャン戦略」というものがあります。これはＩＮＳＥＡＤ（欧州経営大学院）教授のＷ・チャン・キムとレネ・モボルニュが、著している経営戦略論ですが、ここで紹介したいと思います。

簡単に説明すると、他の同業他社が提供するサービスから、新たな視点を見つけて差別化を行い、競争相手を減らして新たなサービスを提供する意図を指します。

どういうことかというと、競争相手が多い場所は「レッド・オーシャン」と呼ばれていて、戦いで海が赤い血に染まるといったイメージから、その名前が来ています。それに対して、競合相手が少ない場所は戦う相手がいないため赤い血が流れないというイメージから「ブルーオーシャン」と呼ばれます。先にも述べたように、飲食業界でもこのブルーオーシャン戦略を採用して、オンリーワンの店舗として展開しているところは数多くあり、似たような店舗や商品で戦って血を流すよりも、他店にはないものを売りにすることで、血を流すことなく繁盛店にする戦略のことを言います。

例えば、スイーツ店であれば、様々なスイーツを同時に販売しているところも数多くありますが、それでは数多くのスイーツ店の中に埋もれてしまいます。そこで、スイーツの中でもプリンに特化したプリン専門、あるいはタルトに特化したタルト専門のスイーツ店を展開するといったことです。

勿論、メニューばかりではありません。他店との差別化を図るために、同じスイーツであっても、お客様のご希望に合わせたトッピングをお聞きしてから、調理、提供するといった他店にはないサービスを提供するのも同様です。

ですから、あなたの展開しようとしている飲食業の中から、あなた自身が特に得意としているメニューやサービスが何なのか、それが今後あなたの市場の中でどの層に受け入れてもらえるかといったことなどを分析調査することで、あなた自身のオンリーワンの店舗展開ができるようになります。

3 お店のブランドをチェックしよう（ブランド戦略からのブランディング）

「ブランド戦略」や「ブランディング」といった言葉をよく耳に

ブランド構築のための4つの価値

1. 企業ブランド・商品

手に入らないなぁ…
○○しかないなぁ…
といえば○○だな

認知・共鳴価値

個性
体験
自己表現

独創・情報価値

4つの価値

感性・感覚価値

デザイン
イメージ
流行

実利・機能価値

実用性
性能
品質

2. 消費者・顧客
ターゲット層

3. 支援者・広報
インフルエンサー

成　長

収益改善
雇用拡大
事業拡大

ブランドの差積化

浸透
根付く
成長

地域の活性化

企業誘致
町おこし・産業活性
人口増加

します。ブランドをつくることもまた経営戦略上では、大切なことであり、飲食の世界においても十分に当てはまることです。

では「ブランド」あるいは「ブランディング」とはそもそも何なのでしょうか。　この語源は「語源由来辞典」によると、「焼き印を押す意味の「Ｂｕｒｎｅｄ」で、自分の家畜と他人の家畜を間違えないよう、焼き印を押して区別していたことから、「銘柄」「商標」を「Ｂｒａｎｄ（ブランド）」と言うようになった」とされています。

また、この「Ｂｒａｎｄ」（ブランド）を経営戦略上の意味に当てはめると、アメリカの経営学者フィリップ・コトラーは、これを「個別の売り手または売り手集団の財やサービスを識別させ、競合する売り手の製品やサービスと区別するための名称、言葉、記号、シンボル、デザイン、あるいはこれらの組み合わせ」と定義をしています。

しかし、必ずしも「ブランド」とは目に見えるものばかりではありません。なぜなら「ブランド」とは自分の店や商品に対して顧客のロイヤリティや共感を根付かせることであって、独自の付加価値を作り出すことであるので、いわば「顧客がイメージとして蓄積される心理的な価値」だからです。

逆を返せば、顧客によって生み出されるものであるので、いかにブランドを作りたいと名前やキャッチコピー、ロゴマークなどを揃えたとしても、顧客にブランドとして認識してもらえなくてはブランドとしての役割は果たせません。

では「ブランド」とはどの様に形成されていくのでしょうか。まず「ブランド」として認められるためには、あなたの店やメニューあるいはサービスが、他の店と明らかに異なる物がなくてはなりません。

前項図を用いて解説していきます。まず、ブランドには、次の3つの集合体が、共に影響を受けながら構成されています。

1 企業ブランド・商品

2 消費者・顧客ターゲット層

3 支援者・広報インフルエンサー

この3つの集合体と、密接につながっているのが、次の4つの価値となります。この価値こそブランド価値を高める要素となり、ブランド構築に繋がっていきます。

- **独創、情報価値**（個性や独自の体験ができる）
- **実利、機能価値**（実用性や性能に有利性がある）
- **完成、感覚価値**（デザイン性、お洒落などの流行による優越性）
- **認知、共鳴価値**（手に入れたい衝動など）

これらの要素が揃うことによって、ブランドの価値が構築されていきます。お店でも同じことが言えるのですが、他との違いや自分の優れた点を見つけ打ち出すこと（差別化）や、長い年月をかけて一般に浸透して根付いていくこと（差積化）と共に、地域に根付いたお店として成長していくのです。そうなることではじめて「ブランド化」に成功したと言えます。

「○○店といえば○○がある」とか「○○店でしか○○は手に入れられない」あるいは「○○といえば○○店だ」といったことをイメージしていただくと、ブランド価値がより伝わるのではないでしょうか。

第2章のまとめ　1時間だけで要点を学ぶポイント！

- 自店舗のコンセプトやメニューの「売り」を明確にすること
- 地域でナンバーワンを目指すよりオンリーワンの独自性を大切にしよう
- 自らの「ブランド」を見つけて差別化をする

［第3章］

顧客が求めている心理とストーリーとは何か

危機に負けない飲食店をつくるための理論

1 顧客があなたの店に来る理由（わくわく感とサプライズの創造）

当然ながら、お客様は自分たちのニーズや望みを満たしてくれるからこそ満足をして、その対価をお代としてお支払い頂けます。つまり、あなたのお店のメニューやサービスによって何らかの感情的心理的なニーズを満たすことが重要となります。

それを宴会におけるお客様心理に例えると、宴会当日が近づくに連れて、わくわく感が増していきます。当日ご来店いただいた瞬間は、その気持ちが最高に達します。お店側としては、そのお気持ちに応えるために、様々なサプライズを準備していくわけです。例えば、ご来店のご予約をいただいたお客様のテーブルに感謝の気持ちを記したレターを置くところから始まったりします。また、コース料理内容においても、起承転結に沿ったストーリーが演出されていたり、要所でサプライズがあるかどうかなど、顧客心理を把握できているからこそのテクニックです。

また、それにプラスして「また来たい」「また食べたい」と思わせるような感情を更に高める工夫をしなければ、継続したご予約獲得にはならないでしょう。

飲食業という観点から考えると、最もわかりやすいのが、個人店経営者ではないでしょうか。このような個人店経営者のお店で出てくる料理といえば、自ら市場に行って購入したその日最高の鮮魚であったり、お酒もこだわりの名酒が置いていたりもします。来店する顧客層も、常連客や知る人ぞ知るような方々が多かったりと、決して幅広い客層が訪れているわけではありません。

それなのに何十年も続くような老舗も多いのはなぜなのでしょう。それは、その店の店主の人柄であったり、空間や雰囲気にお客様が魅力を感じているからなのかもしれません。

そしてもう一つ、どんな常連客であっても最初はあなたの店を見つけるところから始まります。はじめてのお店に行くきっかけは、知人の紹介、ネット検索、チラシやフリーペーパーなどさまざまですが、ある調査によると、偶然通りかかって入ったという来店動機が4割を占めているデータもあるそうです。この4割を攻略するためには、お洒落な外観や立派な造りであっても、たまたま前を通っただけでは目を引く仕掛けが考えられていなかったり、何のお店か分かりづらかったりすると、暖簾を潜らせるのは難しいでしょう。

「入りやすい店」にするには、まずは「気に留めてもらう」ことですが、そのためには「外観」や「入口」の演出を仕掛けるところから、既にお客様に「選んでいただける」お店作りが始まっているということです。

2 あなたのお店の付加価値とは何か
(お店が提供する価値 ― お客様のお会計 ＝ また来たいと思う付加価値)

お店が提供するサービスと、お客様にお支払いいただくお会計とは、金額は必ずしも同じではありません。これを実際の金額に当てはめてみると、

お店が提供する価値（1万5千円）―お客様のお会計（1万円）＝付加価値（5千円）

の構図が成り立ちます。この付加価値の金額の大きさこそ、お客様に感じてもらえる満足度のバロメーターとなり、これが大きい程、繁盛店への道となります。

お店の役割を明確にするときには「やること」を決めるよりも「やらないこと」を決めるほうが早い場合もあります。なぜなら、色々とやりたいことが出てくると、あれもこれもと、どっちつかずになりがちで、やりたいことはどんどん膨

らんでいきます。確かに、やりたいことをやることは、一見お店の行うべき施策の循環がよくなり、成功確率を高めることもありますが、もし間違えている項目があったときには、改善しないと、更に悪化させてしまう可能性を生んでしまいます。それが膨らみすぎると、自分の店の価値が何であるのかよく分からなくなってしまうことがあるのです。

ですから、自分の店の価値を明確にするためには、「これはやりたくない」というのを決めていくと、結果的に本当にやりたいことだけが残っていくと言う理論です。本当にやりたいことが決まれば、その質を高めるために集中して努力をすることで、お店の価値も高くなるのではないのでしょうか。

確かに「やらないこと」を決めるのは苦渋の決断だと思います。しかし、それをしっかりと乗り越えることで、自分の店の価値が浮かび上がり、他店と差別化を図ることができます。

3 マズローの欲求5段階説から考える（顧客が求める潜在的ニーズの把握）

「なぜ、あなたの店に顧客が来るのか」を「マズローの欲求5段階説」から考えるという方法も紹介しておきます。これは、アメリカの心理学者（アブラハム・マズロー）が提唱したもので、「「人間は自己実現に向かって絶えず成長する生き物」と仮定した上で、人間の欲求を5段階の階層に分けました。

生理的欲求…生命を維持するために欠かすことのない根本的な生命の強い欲求で、3大欲求といわれる性欲、睡眠欲、食欲がその主たるものです。

安全的欲求…安全に暮らしたいとする欲求で、犯罪や事故に巻き込まれない生活や健康な生活を求めたり、あるいは不安や混乱から開放されたり、秩序、法、制限などを求める欲求です。

社会的欲求…孤独を避けたいとする欲求で、どこかに所属して人間関係を持っていたい、誰かに愛されたいと思うものです。

承認欲求…誰かに認めてほしい、評価されたいと思う欲求で、この欲求は、自分で自分を認めたい（自尊心、自信等）と他人から認められたい（地位、名誉、優越等）に分類されます。

自己実現欲求…自分が望む自分へなりたいと思う欲求で、他人の評価などではなく自分自身の内にある理想を求めようとする欲求でもあり、言い換えれば、より一層自分らしく生きたい欲求と捉えることができます。

では、これを飲食業に当てはめて考えてみるとどうなるでしょうか。大前提として考えなければならないことは、飲食業という職種は、日常と密接な繋がりも強く、店舗数だけでも星の数ほどありますから、「顧客に来てもらう」という観点から考えると「需要喚起または需要の創出」を考えなければ、他との差別化には繋がっていきません。

つまり、顧客が何を求めているかを導きだすことが大切です。特に今の時代「美味しいものを提供する」というのは、飲食業にとってはもはや当たり前の話であり、顧客にとって「美味しい」だけということは、飽きられていると考えるべきでしょう。では、どの様に「マズローの欲求5段階説」と飲食店を顧客が選ぶ心理を当てはめたら良いか考えてみましょう。

「**生理的欲求**」

生命維持の欲求ですから、例えば、顧客としては給料日前で生活費もピンチだから、できれば可能な限りコスパの良い食べ物で満腹になりたいといったものです。（例：ファストフード店）

「**安全的欲求**」

安全に暮らしたい、不安や混乱を取り除きたい欲求ですから、例えば、ディナーを食べに行くのに実際にはトータルでいくらになるのかを事前に知りたい心理や、安全な食材を使っている店かどうかを選びたい心理ということになります。(例：明朗会計な店、あるいはオーガニックフード店)

「**社会的欲求**」

孤独を避けたい、人間関係を築きたいという欲求ですから、お店の常連客として扱われたい心理や、あるいは、仲間とみんなで楽しく食事ができる店に行きたい心理のことです。(例：ローカルな飲み屋、あるいはスポーツバー)

「**承認欲求**」

誰かに認めてほしい、評価されたいと思う欲求ですから、自分はいつもあの店で食事をしている、あるいは、あの店の常連客であると自慢したいと思う心理のことです。(例：ミシュラン三つ星店)

「**自己実現欲求**」

自分の理想を求めたい、自分らしさを追求したいと思う欲求ですから、顧客に合ったメニューにはない別メニューを出してくれる、あるいはそこのメニューを食べ続けることで健康を維持できるといった心理のことです。(例：会員制レストラン)

このように、顧客が求める潜在的ニーズに対して、あなたの店がマズロー5段階説のどれに相当するかを明確に打ち出して行くことが大切となります。

第3章のまとめ　1時間だけで要点を学ぶポイント！

- なぜ顧客が自店舗に来るのかを詳しく分析する
- 自店舗が顧客にもたらす付加価値を知る
- マズローの欲求5段階説から顧客の潜在的ニーズを知る

［第4章］

儲かる飲食業の方程式

いつでも強い店をつくる実践メソッドと、
これからの飲食店経営の力になる哲学

儲かるお店には、儲かるなりの理由や仕組みがあることには間違いありません。ですが、その理由や仕組みを学ばずに「あのお店が儲かっているから、それを真似すれば儲かる」と思い、見よう見真似で運営するほど簡単なものではないのです。

既存の「儲かる」系のビジネス書を買い漁って、それを実践してもだめだったということは、これを示しています。なぜなら、飲食店というのは一つ一つの店によってその立地や顧客層、その他諸々一つとして同じ店は無いからです。

ビジネスというのは一つ一つの条件が「足し算」の様に積み重なって成功するのではなく、「掛け算」で成り立っているとよく言われます。言い換えると、その条件に一つでもマイナスがあれば、全ての条件がゼロになってしまう怖さも秘めています。

だからこそ、それぞれの条件がすべてプラスでなければなりませんし、もしマイナスの経験をしたとしても、すぐに修正できるノウハウを持たないといけません。今後あなたのお店が成功するための施策と哲学を、方程式に基づき一つ一つ見ていくことにします。

1 店舗経営の構図（オープン後3年が業態疲労の目安）

はじめに、店舗経営構図を通して説明していきます。私は、店舗運営とは、将来あるべき姿から逆算をして、今のギャップとの差を埋めるための計画を作りなさいと、スタッフに伝えてきました。そのためには、あなた自身がお店を経営することでどんな目標を持っているのか、あるいは最終的なゴールが何処にあるのかということを明確にする必要があります。

例えば、「3年後に年商○○○万円の店舗にする」「1日の

店舗経営構図

1. 会社と自身の成長　目標達成・やりがい・安定・貯蓄

2. 売上獲得＝収益　資金確保・待遇アップ

3. 販売促進・改善　新規来店・既存客リピート・サービス強化

4. 対価＋付加価値　リピートにつながる店舗力

5. 相対的雰囲気＝盛況感

コスト

日次決算で収益を
把握することで

軌道修正をしながら
目標値に着地できる

サービス

従業員同士の接遇が
できることで

お客様への
ホスピタリティー
が出せる

PDCA

ミーティング
スタッフノート
アンケート獲得
ルーティン化

商　品

理由や意味を理解し
プロ意識で仕上げることで

満足される商品の
創造と具現化ができる

教　育

率先して
ムードメーカーになることで

継承できる
チームワークが生まれる

来店者〇〇〇人にする」「3年後に店舗数を〇〇店舗に拡大する」色々あると思いますが、とにかく目標設定を明確にすることが必要です。その後、その目標を達成するために順を追って逆算していくと、

順序1　会社と自身の成長（目標達成・やりがい・安定・貯蓄）

順序2　売上獲得＝収益アップ（資金確保・待遇アップ）

順序3　販売促進、改善（新規来店・既存客リピート・サービス強化）

順序4　付加価値の追求（リピートに繋がる店舗力）

となり、その結果、相対的雰囲気という誰しもがよかったと思える店内を創り上げることができます。そのために具体的な取り組みとして必要な事が、

●サービス（お客様への高いホスピタリティ）

●従業員教育（チームワークの強化）

●商品力（顧客満足を促す商品の創造と具現化）

●コスト管理（日時決算で収益を把握しながら軌道修正をして目標値に着地）

です。この4つが、将来あるべき姿に届くための管理すべき行動であり、これらのPDCAサイクルを回していくことが大事となります。そして更に細分化していった場合に大切なのが、

●従業員同士でのミーティング

●スタッフノートによる情報共有

●アンケートを利用して顧客の要望を知る

●ルーティン化によるPDCAの習慣化

これら4つの取り組みにより平均で30％売上アップ、離職率ゼロ、というデータもあります。店舗運営をしていくことこそ、

何十年も続く飲食店経営が行えると私は確信しています。

次に、店舗の繁栄と衰退までの経緯について説明していきます。「諸行無常」という平家物語の冒頭の言葉通り、形あるものはいつか壊れます。それは飲食の世界でも同じです。飲食の世界では、「オープン需要におけるチャンス」と「業態疲労におけるピンチ」の両方に対する準備をしておかなければなりません。

オープン需要におけるチャンス

お店がオープンした際のオープン需要として「興味がある」、「一度は行ってみよう」、「食事をした感想をSNSで広めたい」、「友人との会話の話題にしたい」など、さまざまな集客できる要素があり、一気に売上を獲得できます。

しかし、(次項図)でもわかるように、その需要も大体半年くらいまでにピークを迎えて、そこから徐々に落ちついてきます。

実はここからが勝負であり、オープン一年後位から徐々に売上を伸ばすことのできる店舗が理想ですが、そのためには、オープン需要で来店されたお客様を、しっかりとリピートに繋げられるサービスが店舗にとって必要です。

そうでない店舗は、スタートラインから、その店舗力がないままオープンを迎えたか、もしくは、オープンの途中で発生するさまざまなトラブルを、改善できないまま1年が経過し、そのままダラダラと売上が落ちていった店舗となります。

そうなれば当然のことながら、あらゆる方向から検証、改善しなければなりません。もちろん、それによって回復する場合もあれば、既に手遅れといったケースもあります。私の経験では、このオープン需要のリピートづくりに失敗した店舗の50%以上は、5年継続しての経営はできておりません。

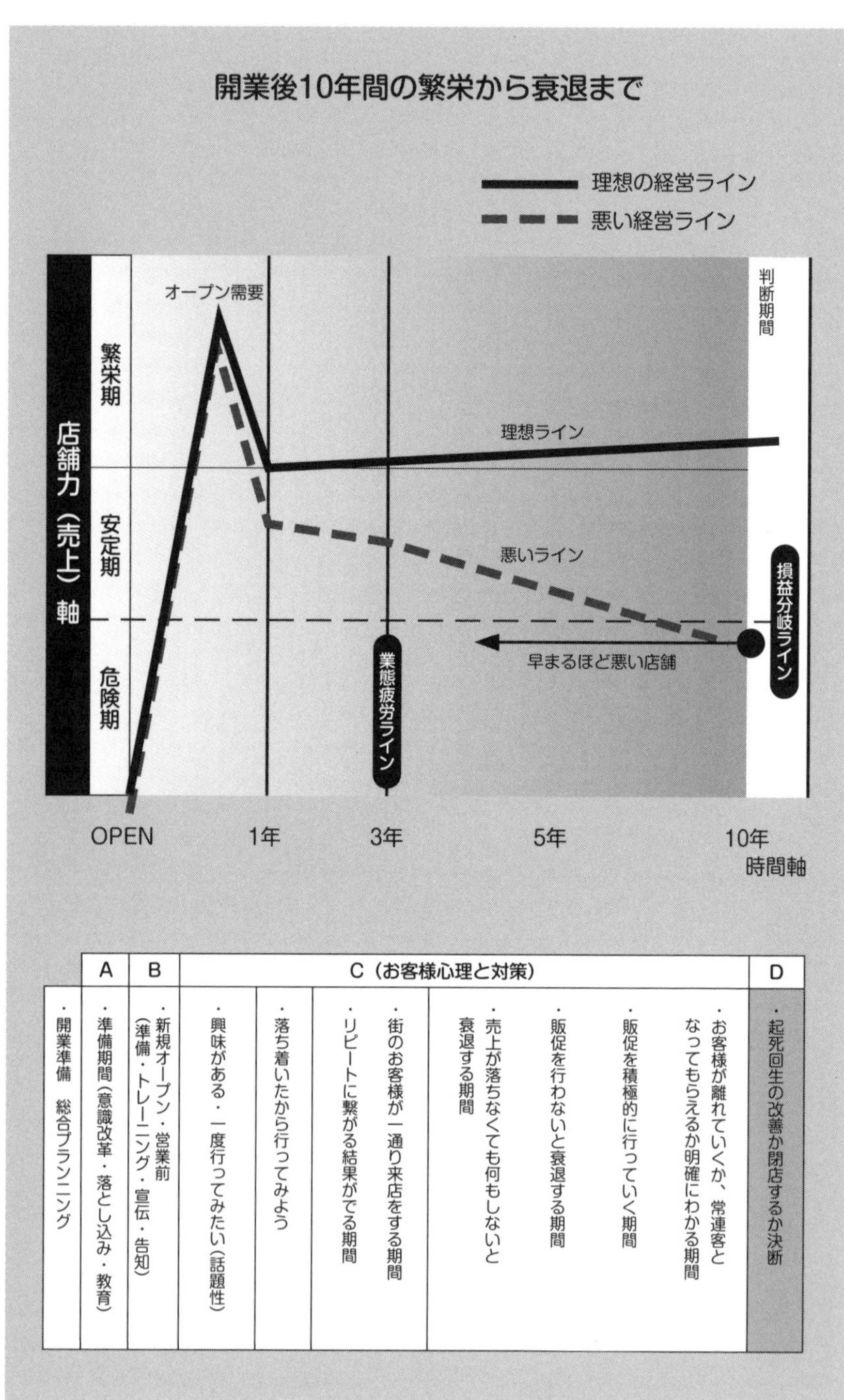

開業後10年間の繁栄から衰退まで
理想の経営ライン
悪い経営ライン
店舗力（売上）軸
繁栄期
安定期
危険期
オープン需要
理想ライン
悪いライン
判断期間
損益分岐ライン
早まるほど悪い店舗
業態疲労ライン
OPEN
1年
3年
5年
10年
時間軸
A
B
C（お客様心理と対策）
D
・開業準備　総合プランニング
・準備期間（意識改革・落とし込み・教育）
・新規オープン・営業前（準備・トレーニング・宣伝・告知）
・興味がある・一度行ってみたい（話題性）
・落ち着いたから行ってみよう
・リピートに繋がる結果がでる期間
・街のお客様が一通り来店をする期間
・売上が落ちなくても何もしないと衰退する期間
・販促を行わないと衰退する期間
・販促を積極的に行っていく期間
・お客様が離れていくか、常連客となってもらえるか明確にわかる期間
・起死回生の改善か閉店するか決断

業態疲労におけるピンチ

業態疲労とは、あまり聞き慣れない言葉かと思います。この業態疲労とは、店舗に対するお客様心理と、その立地における新規来店数とリピート回数に関係した衰退期のことを指します。

つまり、お客様は、何回か来店した店舗や聞きなれた店名にはどうしても「飽き」がくるということです。もちろん、店名を変えてリニューアルをすればそれでリセットできるという考えもありますが、ここでは、あくまでも同じ店舗に対する業態疲労について考えた場合、お店も老朽化しますし、メニューや内外装の流行りも日々変わり続けています。

そんな時代に順応した、飽きさせない新鮮味のある対策を、事前にしてきた店舗がピンチを切り抜けています。

何十年も経営できている繁盛店舗は、業態疲労を切り抜ける対策を考えた店舗経営ができていたということになります。

2 さまざまな飲食店形態によるコスト体型
(少数店舗経営と多店舗経営とハイブリッド経営)

飲食店経営における2大管理項目は、売上管理とコスト管理です。

私は、売上管理とは、売上を上げるための様々な販促活動や、先にも述べた、回転率、客単価の管理など、人のスキルや経験、知識によって左右される取り組みと位置付けており、コスト管理に関しては、日々のルーティン業務や、衛生管理など、お客様をいつでも迎え入れるための体制づくりや、お客様に不快な思いをさせない状態を維持するための取り組みと位置づけています。

つまり、積極的に取り組んでいく売上管理と、日常業務をそつなく(油断やぬかりなく)こなしていくコスト管理で分けた場合に、コスト管理レベルを把握することで、その店舗のレベルが見えてきます。繁盛店ほど、この日常の当たり前の業務がしっかりと管理されていますから、私がコンサルティングに入る際も、まずこの凡事徹底がなされているかどうかで、そのお店の状況を判断していきます。

はじめに、コスト管理において、経営に大きく影響するFLコストから説明していきましょう。

FLコストとは、頭文字をとった言葉で、本来の意味は、

●FOOD COST(フードコスト=原価)

●LABOR COST(レイバーコスト=人件費)

となり、特に重要な管理すべき項目です。

原価管理について

原価管理において重要な事は、日々のコントロールです。食材の仕入れ価格は日々変動します。

また、その日のメニューの出数の偏りによっては、各メニューごとの標準原価(管理上の原価)の平均値が、実際原価(実際のリアルな原価)では理論原価(目標とすべき原価)とのずれが生じてきます。そして、コース料理原価、歩留まりロスなども管理していくと、これをやっていれば、必ず原価は一致するというものではありません。むしろ、日々の計数管理によるコントロールより、ポーションの調整、仕入れ食材の交渉、価格改定などを経て最終着地が理論原価に近づいていくものなのです。ですから、原価管理とは、日々のコントロールの内容を理解するところからの教育だということです。

人件費管理について

まず社員（レギュラー）は固定費となりランニングコストに振り分けられます。アルバイトは時給額や勤務した時間によって支給額が変わるので、変動費に位置します。

とすると、管理する上で大事な要素とは、

●社員の利便性と生産性

（常勤のため、弱いポジションをフォローでき、いかに生産性があがる体制をつくれるか）

●アルバイトの効率性と生産性

（繁忙時間以外のシフトカットができ、教育次第で社員と同じレベルの生産性が可能）

これらの特性を踏まえて、個々の条件や特性に合わせて、無駄のないシフトを組んでいくこととなりますが、人件費管理で一番重要なことは、個々のモチベーション管理です。後の項目でも詳しく述べていますが、いかにスタッフ一丸となった店舗を一緒に作っていくかが、人件費管理の優劣の基準となります。

これらコストに加えて、売上に伴って変動する販売促進費や水道光熱費、毎月固定額を支払うためのランニングコストである家賃、リース、保険などがかかってきます。

また、忘れてはいけないのが、納税資金や、業態疲労によるリニューアル費用などです。これらは、初めて経営を始める人には忘れがちな項目で、例えば消費税などは、たとえお店が赤字でも支払わないといけないものです。これら税金の支払いのための資金も確保したうえで、収支計画を成り立たせる必要があります。

次に、一言で店舗と言ってもいろいろな形態があって、収益パターンも経営パターンも千差万別です。私は、店舗形態においては大きく3パターンを位置づけています。

どんな店舗形態があり、それぞれがどんな特徴があるのか、（49頁図下部）について説明していきます。

A 少数店舗経営（店舗の広さ30坪以内）

（長所）

・質の良い料理をロスを出さずに提供しやすい

・コスト管理がしやすい

（短所）

・スケールメリットが出しにくい

・販促効果が見えにくい

・店主にかかる責任・負担が大きい

B 多店舗経営（店舗の広さ30坪以上）

（長所）

・効率的経営が可能（HELP・食材ロス・他）

・社会的信用、保障を得やすい

・スケールメリットを生かせる

（短所）

・サービス、質が落ちやすい

・人によってスキル、マインドの差が出やすい

・売上の変動によって影響を受けやすい

C ハイブリッド経営（多種多様）

（長所）

・上記A、Bのそれぞれの良い部分が出せる

・現場を知ることでスタッフの距離が縮まる

・店舗の改善点がいち早く見える

（短所）

・どっちつかずで、会社経営に支障が出る

・社長が表に出すぎることで従業員が自主性を失う

・社長の不在時（例えば体調不良等）と指揮系統に障害が出る

コスト収益構造と経営パターン

A 個人店経営モデル（年商4,800万、月商平均400万）

●繁忙月 500万×（3月・4月・8月・12月）＝2,000万　●通常月 350万×（1月・2月・5月・6月・7月・9月・10月・11月）＝2,800万

B 多店舗経営モデル（年商4 億、月商平均3,200万）

●繁忙月 3,800万×（3月・4月・8月・12月）＝15,200万　●通常月 3,000万×（1月・2月・5月・6月・7月・9月・10月・11月）＝24,000万

A 個人店経営 400万	B 多店舗経営 3,200万		売上	
120万	960万	変	原価	30%（±5%）
4万	32万	変	食材ロス	1%
100万	800万	変	人件費	25%（±5%）
20万	160万	変	水道光熱費	5%（±2%）
20万	160万	変	販売促進費	1〜7%
32万	256万	固	家賃	8〜10%
20万	160万	固	償却費・借入返済金	5% の場合
4万	32万	固	衛生管理費（害虫、ねずみ駆除・食中毒・ウイルス対策・設備）	1%
12万	96万	変	店舗経費（修繕費・美品・消耗品・研修費・求人募集・交通費）	3%
4万	32万	固	事務所経費（家賃・人件費・税務会計費・光熱費・備品・消耗品）	1%
28万	224万		維持経費（社会保険3%・店舗保険0.2%・税金3%・業態疲労改善費1%）	7%
0万	96万	固	役員報酬	3〜5%
36万	192万	変	利益・貯蓄	3〜7%

必須ロス　仕込みロス
保管・管理ロス　試食ロス
調理ロス　サービスロス
OPロス　訓練ロス
まかないロス

見えにくい経費　見えにくい経費　見えにくい経費　見えにくい経費　見えにくい経費

坪売200,000　繁盛店
坪売150,000　通常店
坪売100,000　損益ライン

（球団経営）＝飲食店経営

A（4番打者）
＝
個人経営店（30坪以内）

▶長所
・質のいい料理をロスなく提供でき易い
・店主の行き届いたサービスが出し易い
・コスト管理がし易い
▶短所
・スケールメリットがだしにくい
・販促効果が見えにくい
・店主にかかる責任・負担が大きい

B（監督）
＝
多店舗経営（30坪以上）

▶長所
・効率的経営が可能（HELP・食材ロス・他）
・社会的信用・保障を得やすい
・スケールメリットを生かせる
▶短所
・サービス・質が落ちやすい
・人によってスキル・マインドの差が出やすい
・売上の変動によって影響を受けやすい

C（監督・4番兼用）
＝
ハイブリッド経営（多種）

▶長所
・A,B 互いのいい部分が出せる
・現場を知る事でスタッフの距離が縮まる
・店舗の改善点がいち早く見える
▶短所
・どっちつかずで、会社経営に支障が出る
・社長が出すぎることで従業員が自主性を失う
・社長の疲労により指揮がとれなくなる

この3タイプの店舗形態について、プロ野球の球団経営で例えるなら、

Aタイプは4番打者、Bタイプは監督、そしてCタイプは4番打者兼監督ということになります。これら3タイプの店舗形態について、それぞれに長所短所がありますが、あくまでもどのスタイルが自店舗にむいているかは、これまでの経験、スキル、将来のビジョン等によって順応させていくことが重要になります。

3 お客様へのサービス構造と手順について
（サービスにおける「接客」と「接遇」の違い）

飲食店とは「サービスを提供することの意義」をスタッフ全員が理解し、「サービスに対して修得した能力」を発揮できなければなりません。

そのサービスを形成する最も大切となる心構えが何かというと、「心が伴う優しさ」ということになります。それは次の4つで構成されています。

1 お客様に尽くす

2 お客様の役に立つ

3 お客様をもてなす

4 笑いのプロになる

この4つを明るさと誠実さを持って提供するのですが、これはマニュアル通りにできるものではなく「お客様の求めることを察知する能力」、つまり事前予知力を身につけなければなりません。

そして、このサービスを行う意義とは、顧客満足を提供することによりリピーターになっていただくことで、自らの事業に貢献し、自らも成長できる喜びを感じることにありま

す。

また、サービスを行うにあたり、先駆けて心がけなければいけないことの一つに「所作」という素晴らしい接客術があります。それは顧客に対して行われるもので、お客様にスキルや経験とは別の、プロとしての品格を感じていただくものとなります。その所作を7つに分類して紹介します。

所作1「身体の向き=正対する」
所作2「目の高さ=同じ高さ又は下」
所作3「手振り=両手・掌を使い全体で示す」
所作4「身振り=相手にあわせて」
所作5「表情=明るく優しい笑顔」
所作6「話すとき=前傾姿勢聞く印象」
所作7「言葉添え=足元に・・気遣い言葉」

これらの所作が備わることで、より磨きのかかった接客サービスを提供することができます。

そして、サービスには「接客」と「接遇」の2つの側面があることも忘れてはなりません。

1,「接客」とは、マニュアル化されたものが基本となり、感じ良くお客様に接し、挨拶、応対することですが、それに対して「接遇」とは、相手がおもてなしを受けていると感じていただける気持ちで接する行動であり、決してマニュアル化ができるものではありません。

何故なら、それぞれのお客様心理に寄り添いながら、表情や態度、そして心で対応する優しさが求められる無償の対価であり、いわゆるホスピタリティ精神、つまり、顧客の喜びを自分の喜びとして感じられる心が持てないと、接遇力を発揮することはできません。

2，1の意味合いを明確にして、従業員にお客様サービスを徹底させることが重要です。

そのためには、「従業員同士の接遇」という考え方も大切であり、「善を願う心」と「態度が中庸（偏っていない）である」こと、つまり調和がとれた態度が取れることを求められます。

3，2の構造を構築するためには、従業員の中から、ムードメーカーとなってリーダーシップを発揮する役割が担えるスタッフが必要となります。そういうスタッフが率先して「従業員接遇」を取り入れることで、高い従業員満足のある職場環境作りにつながります。更には、従業員同士の信頼関係、コミュニケーション能力が向上することにより、お客様接遇によるサービスが生まれることになります。

お客様接遇が実現できることで、何がもたらされるかというと、お客様心理が満たされることになります。このお客様心理は、単純なものではなく、

1．歓迎されたい心理（笑顔で明るい態度で迎えてほしい）

2．独り占めしたい心理（自分のために親切に対応してほしい）

3．優越を感じたい心理（特別なお客様だと認知して欲しい）

4．損をしたくない心理（自分にメリットのあるものでありたい）

5．自分本位の心理（快適で満足できるものであってほしい）

6．不安の心理（トラブル・クレームなど嫌な思いをしたくない）

に分類され、これらが満たされることにより顧客満足度はより高まっていきます。

また、顧客満足度に対して、プラスアルファの付加価値を創造することによって、リピート力の強化につながっていきます。つまり、来店前の事前期待よりも、実際の評価が上回ることにより、付加価値が生まれるということです。

それは、お客様が望むこと（つまり食事）以上の環境作りやお客様のシチュエーションに合わせた配慮が持てるということにも繋がります。

4 接客オペレーションの流れと、その手法
（ご来店からお帰りまでを3段階に分けて落とし込む）

前項では、接客に対する心構えと、環境づくりについて説明しました。

次に『居酒屋業態』を例に、お客様が入店をして、お帰りになるまでにおける、接客オペレーションの具体的な流れを、段階ごとに分けて説明していきます。

また、これから説明する具体的な接客の流れは、前項でも説明した通り「心が伴う優しさ」が伴って、接客から接遇へと進化していけるのですが、接客＝作業となってしまっている店舗を最近よく目にします。

この原因については後ほどご説明しますが、ここで説明する接客サービスとは、お客様がご来店され、お店で食事や会話、演出などの、さまざまな時間を楽しんで頂いた後に、最後お会計を終えて退店していただくまでのサービスについてとなります。

私は、この一連の流れを大きく3つのカテゴリーに分けており、

「ファーストサービス」
「中間サービス」
「アフターサービス」

という3つのシーンに分類し、この流れを通して「おもてなしの臨み方、柔和な表情、親しみのある言い方」などを意識しながら、愛想愛嬌を持って行うことを原則としています。

ここで言う『愛想』とは、自らを磨いた術や、テクニックも含めて、相手に対して好印象を与えるような態度や言動のことを指し、『愛嬌』とは、その人そのものの親しみのある性格、どこか憎めないような要素や言動のことを指します。

これらの流れの中で、再来店へと繋がる記憶に残るような付加価値を、お客様に提供することが可能となります。そして、その実現のために店舗の運営方針を理解し、店舗に対して継続的な貢献をすることで、社会的な責任を果たすという目的に繋がっていきます。

それでは、この3つのシーンが、どのような流れで対応していくのかを説明していきます。

ファーストサービス

顧客が来店する場において、顧客に与えるファーストインプレッションを与える時間帯です。"First Impression Is The Best"（第一印象が肝心）という言葉があるように、ここで良い印象を与えることが顧客に安心感をもたらすことになります。このファーストサービスとは、ご来店から、最初のフードの注文までをお聞きして、それをキッチンにまで知らせるところまでを言います。その後は中間サービスへ移行していきます。

このファーストサービスで大事なことは、一連の流れの中で一語一句マニュアルトークを徹底することであり、個々によるスキルの差をなくすことにあります。これはどういうことかと言うと、接客には、AIにはできない個々の個性や、人間味のある接客が大切ではありますが、全員が必ず同等のレベルで行えるとは限りません。まして入店間もない新人スタッフだと、お客様の要望にたいして臨機応変な接客応対は難しいでしょう。お客様にご来店いただき、それ相応の接客レベルを維持する意味では、個々の自主性や個性も伴いながらも、確実な接客応対をスタッフレベルに左右されずに維持することも重要となります。

また、店舗で決められた規則やオペレーション、掛け声などを、ぬかりなく行える姿をお客様にお見せすることは、その店舗の教育レベルや統率力をお披露目して賞賛いただけるチャンスでもあります。声の大きさ一つをとっても、ただ「大きな声を出しなさい」と教える店舗がよくありますが、大切なことは声のトーンにあります。よく響く高めの声を店舗の方針、雰囲気に沿った大きさで発声することが、よりお客様に寄り添うということになります。そこに、笑顔やアイコンタクトが伴うことで、より熟練された接客となるのです。そして、ファーストフード(最初の料理)を受注し、キッチンにオーダーが届いた段階で、従業員同士で「ファースト終了」の確認を行います。

中間サービス

中間サービスとは、顧客が滞在時間において一番リラックスをした状態でその時間を楽しんでいる間に行うサービスのことを言います。この時間を、私はよく劇場に例えて伝えています。いわばキッチンはステージ、ホールは観衆席といったところです。特にオープンキッチンである店舗は、キッチンの中での調理やカウンターの中からの接客は、劇場のステージそのものです。ホテルなどのキッチンと分離した客席側においても、ホールスタッフがいかに、客席のお客様にあらゆる動線のもとに、おもてなしができるかは、劇場で演じる役者（スタッフ）そのものでもあります。

そのためには、楽しみにチケットを購入して見に来ていただいた観衆（お客様）の求めるものに応えることは、常にスタンディングオベーションとなる接客応対が求められるため、店内や卓の状況をスタッフと共有し、顧客が求めているものを事前に察知して行動することが求められます。

また、お客様は、店内であってもお客様だけの空間が存在します。そこに入場させていただき、注文をお伺いしたり、ご要望にお応えするわけですから、メリハリのある機敏ある動作も重要となります（STOP&ACTION）。

そして忘れてはならない大切なことは、接客そのものを従業員が楽しむことだと言えるでしょう。このホスピタリティー精神が伴って、ステージの役者（スタッフ）と観衆（お客様）が一体となって大成功を収めることができます。

また、ワンウエイツージョブ（1WAY 2JOB）という言葉があるように、一つの行動の中で多くの仕事をこなして生産性を上げることも重要です。これにより、従業員一人ひとりのサービス力の差をなくすことができ、全体が高品質のサービスの提供が可能になるということです。

「中間サービス」において求められることは、対人心理の理解力・判断力・表現力を磨きながら日々の『気づき』の数を共有することで、それによって、顧客に対して期待以上のサービスを提供できます。

アフターサービス

ここからの時間とは、食事も一通り終わり、顧客もそろそろ退店をしようかといった時からの時間帯のことを指します。

ここで大事なことは、いったいどこまでが中間サービスで、いつからがアフターサービスかということです。中間サービスがお食事をするという目的の途中段階でのサービスとすれば、アフターサービスは、お食事後の最後のおもてなしを感じていただくことに意味がありますから、そのためには、お食事を終えられたのか、そうでないのかを見極める必要があります。

しかしながら、その見極めは、お客様の食事内容や、会話のテンション、追加オーダーの状況などさまざまですから、スタッフ自身で見極めることが困難です。ではどうすればいいのでしょうか。答えは簡単です。私たちは日頃より培われたサービス業の基本ともいえる『お伺いする』という手法を持っています。このお伺いするという行動を、失礼のないように行い状況を把握すればいいのです。

例えば、お客様のテーブルに行き、

従業員：「お客様、お食事の追加のご注文など、何かお伺いいたしましょうか」

お客様：「いや、もう少しでお会計を頼むよ。ありがとう」

このお伺いだけでも、お客様があとどのくらいご滞在されるのかを判断する材料となります。また、そろそろお帰りになられるという情報が明確になることで、他にもこんなメリットがあります。

- **お待ちのお客様に、ご案内できる時間帯をお伝えできる**
- **店舗の形態によっても様々ですが、例えば、アンケートをいただくにしても一枚ずつお客様それぞれに鉛筆と共にお渡しして、ご意見を頂戴する機会を得られる**
- **お茶や、おしぼりをお出しできることで、お客様に喜んでいただける**
- **お会計方法をお伝えするといったことから、スムーズなお**

会計に誘導できる

●バッシングの準備ができることで、いち早くお待ちのお客様との入れ替えができる

そして、お帰りの際はレジまでご案内をして、会計を済ませた後、最後に外までお見送りします。「アフターサービス」においては最後まで記憶に残る行き届いたサービスを行い、顧客に事前期待を上回るようにすることで、顧客に店のファンになってもらい、記憶に残ることで、リピーターになってもらうことが可能となります。

こうした一連のサービスの流れを通じて、

1 従業員がお客様に心から感謝することによって、お客様にも店のサービスのあり方に共感していただく

2 付加価値を感じてもらい、最後のお見送りまで行き届いたサービスや行動を見ていただくことによって、次回の来店へと促し、リピーターになってもらう

3 これによって売上獲得と事業の成長と継続が経営者に、そして待遇アップと成長、やりがいが従業員にもたらされる

というような効果が現れることを知る必要があります。

5 クレームを宝石に変える
（クレームは店舗力を上げる絶好の機会）

飲食店経営で避けて通れないものがお客様からのクレームでしょう。しかも、クレームほど厄介なものはありません。なぜなら、飲食店に関わらず、様々な話が、良い話題よりも悪い話題の方が早く広まってしまいやすく、その悪い話題に尾ひれ背びれがついて話が大きくなってしまうという傾向に

クレームを宝石に変える手法

クレームの発生はお客様が我慢して見えないクレームが存在する

クレーム発生から解決までの流れ

① なぜクレームが起きたのか

② クレームが起きた時どう対応し適切だったか

③ クレームをどう解決し今後の店舗運営に繋げるか

④ 新たなクレームになる要因が自店にないか、その対処法は

⑤ それまでの過程、解決策をクレーム事例として発信・共有する

直接クレームを言ってくるお客様は大切な存在

評価UP	①クレームの時は普段と比べてお客様と接する時間が長い 誠実な対応で相手に好印象を与え、上手く対処できればお店のファンを増やすチャンスとなる
実力UP	②クレームはお店の弱点をお客様が指摘することで、お客様のニーズをつかむことができる。 クレーム内容を分析し、店舗運営に生かすための大切な時間となる

クレームに店側に非がある場合とない場合のスキーム

店側に非がある場合　　**対応者交代**　　**店側に非がない場合**

対応スタッフに対応できる能力があるかどうか（知識・経験・感受性）

忍耐力をもって対応
（感情のセルフコントロール）

店側に非がある場合

① 状況把握（気持ちを察してお伺いする）
非があればお詫び言葉から入る解決策を考える

② 相手の話を十分に聞いてあげる

③ お客様と共に解決策を探る姿勢で臨む

④ 受け応えの言葉と行動を工夫する

⑤ 具体的な方法と結果を示す

⑥ タイミングを工夫する

店側に非がない場合

① お客様に謙虚にお伺いする姿勢で共に解決策を考える
▶店舗で起こったことは全く無関係ではありません。
共に探る精一杯の姿勢を見せる
▶苦情対応シートへの記入で記録に残す

② 非がないのにお詫びをすることは、お店の正当性を否定してしまいトラブルを招くので注意

あります。しかも、クレームが発生しても顧客が我慢してしまうことで、目に見えないクレームが多数存在するわけです。

逆に言えば、直接クレームを言ってくる顧客は店にとって大切な存在であるのです。なぜならば、クレームの時は普段と比べて顧客と接する時間が長く、誠実な対応をすることで相手に好印象を与えてうまく対処できると、お店のファンになってくれる可能性が高いのです。また、クレームというものはお店の弱点を指摘しているので、顧客のニーズを掴むことが容易になるため、クレームの内容を分析し店舗運営に活かすことが可能となります。

では、クレームが発生してから解決するまでは、どういった流れになるのかを説明します。

まずは、クレームの発生原因を特定します。そしてそれに対して適切な対応ができたかを振り返ります。また、どのように解決し、今後の店舗運営にどのように繋げるかを検討しながら、新たなクレームとなる要因がないかを調査し、そうなったときの対処法を模索します。同時に、それまでの過程や解決策をクレーム事例として発信・共有するといった流れとなります。

しかし、クレームといっても店側に非がある場合と非が無い場合も存在し、非が無い場合に、軽率にお詫びをしてしまうとお店の正当性を否定することになり、トラブルとなるので注意が必要です。そのために、スタッフに十分に対応できる能力があるのかどうかを把握した上で、適切なスタッフに、顧客に謙虚にお伺いする姿勢で共に解決策を考えることが必要であり、この時スタッフには対人における接客意識、経験、知識、感受性が重要となります。

逆に店舗側に非がある場合、クレームに対して誠実に対処することで顧客をファンにすることが可能であることは前述しましたが、そんなクレームを宝物に変える対処法はどんなものなのでしょうか。それには6つの方法がありますので、順番に紹介します。

1 状況把握

まずは、何が起こったのかを確認します。飲食店は顧客に心地よい時間を過ごしていただく場所です。店側に非がなく、お客様の勘違いであっても不快な時間を過ごさせてしまうことはNGです。ですから、お客様の立場になって気持ちを察しながら、状況把握する姿勢を持つことが大切です。

2 十分に顧客の話を聞いてあげる

顧客には言いたいことがたくさんあります。ですから、何に不満を持ち、何を望んでいるかを聞いてあげる姿勢を見せましょう。顧客は店側が自分の訴えを理解して納得してくれるかを見ていますので、接する姿勢、目線、態度、相手の立場になって聞くことを徹底してください。

3 お客様と共に解決策を探る姿勢で臨む

顧客の要望が理解できても、その後の対処が重要で、その対応が顧客の意志を尊重したものでなければ、不快に感じられてしまいます。

また一方的な従業員の「こうすれば納得してもらえる」という判断や思い込みは危険です。必ず判断内容を他のスタッフと確認しなければなりません。お客様はクレーム解決策として自分の意志と反した提案を押し付けられることに不快感を示しますので、あくまでも顧客の立場で解決策を探り、却下されれば別の策を一緒に考え、根気よく接することが大切です。

4 受け応えの言葉と行動を工夫し、接客では使ってはならない言葉は使わない。

いかに誠実な対応を取ったとしても、言葉次第では不誠実と捉えられるので注意する必要があります。一つは、「相手の価値を認めない言葉」で、例えば、顧客から食材の説明を求められているのに対して「メニューに書いてありますよ」といったような、返答はメニューも読めないのかというニュアンスに捉えられかねない言い方です。

また、「相手の立場を無視した態度や言葉遣い」も気をつける必要があります。顧客同士が楽しく会話している最中に、様子を伺わずに料理を置くなど、その場の雰囲気を壊すような行為をすると、顧客は自分の時間を害されたと不快に思う可能性があります。また、顧客が座りたい席の希望を出しているにも関わらず他の席に誘導すると、顧客の希望を尊重せず拒否されたと嫌な印象を与えてしまいます。

重要なのは、お客様の楽しい気分を壊すような言葉（マイナストーク）を使用せず、プラストークで説明することです。

（悪い例）

お客様　4名だけどお座敷空いてる？

従業員　あいにくテーブル席しか空いておりません

このようにお客様の希望に沿えない時に、それを直接伝えるのではなく、以下のように言葉を差し替えるほうが適切です。

（良い例）

お客様　4名だけどお座敷空いてる？

従業員　只今別のお客様がご予約されておりますが、テーブル席は空いておりまして、そちらのほうがゆったり広々とお座りいただけるかと思います。いかがでしょうか。

このように、お客様の希望に応えられない時に、別の提案を顧客に明確な理由を添えて伝えてみることが大切です。

同様に言葉のニュアンスと話し方に注意することも重要で、例えば話をする時、語尾を下げると硬いかしこまったイメージになり、上げると明るい元気なイメージになりますが、その反面軽薄になるために、使い分けが必要です。さらに、癖についても同様で、業務中に焦りが生じると言葉遣いなどに直接影響が出るために悪い印象を与えやすいですし、動作も同じです。例えば髪の毛を触る、腕を組む、足を組むなども決してよい印象を与えません。

5 具体的な解決方法と結果を示す

クレーム発生時はまず店舗に非があるかないかを正しく把握することが重要で、明らかに非がある場合は適切な対処をする必要があるのですが、非がない場合は一緒に解決していく姿勢を見せることが大切で、まずは、顧客の気持ちに寄り添い、その不安を取り除き、すぐに解決できない場合は具体的にいつ結果を報告するかを伝えます。非があれば適切な対処をしますが、非がない場合の対処として、悪い例、良い例を示します。

（悪い例）

お客様　靴がないんだけど（探しても見つからない場合）

従業員　探してみて後日ご連絡します

（良い例）

お客様　靴がないんだけど

従業員　それは大変でございますね、（相手の気持ちに共感）

このように、一緒に解決していく姿勢をお見せします。

6 タイミングを工夫する

クレーム・苦情が発生した場合にスムーズに納得していただけない場合もあります。その際の対処法が下記のとおりとなります。

① クレーム対応したスタッフが不慣れな場合は、責任者かあるいは馴染みのあるスタッフと交代し、その際はトラブル内容をスタッフ同士で共有し、2度も顧客に説明をさせないようにします。

② また、他人の視線があると双方エスカレートしやすいため、人目の気にならない場所に移ります。

③ さらに顧客の怒りが収まらず何を言っても納得してもらえない場合は、冷静に会話ができるように、翌日に具体的な解決策を相談するような提案をします。

④ もし、顧客に場所・時間も変えていただけない場合、顧客がクレーマーである可能性もあるために定められたクレーム対処をしても解決できないと判断した場合は、迷わず警察に連絡をして仲介に入ってもらうことも必要です。

6 教育者を育てる構図
（ES：従業員満足度と従業員接遇の浸透によって顧客満足度は変わる）

はじめにお伝えすることは、教育者を育てるためには「接遇」を理解している教育者を育てる必要があるということです。

では、どうすればいいのかというと、顧客に対して「接遇」がどういうものかということは前項で話をした通りですが、顧客に対しての「接遇」ができるようになるためには、大前提として従業員同士の「接遇」ができていなければなりません。

従業員同士の「接遇」ができる環境が整っていなければ、顧客への「接遇」には結び付きません。では従業員接遇が何かというと、従業員と顧客が接遇するということは、顧客に対しての善の心や無償の思いやりといったものを与えるということになります。それができるには日常から従業員同士でできていなければ、顧客に対してそれがなされることはありません。

つまり、従業員同士で接遇ができるために必要なことが、善の心を従業員一人ひとりが持っているかどうかということ、そして中庸における信頼を築けるかどうか、そして従業員接遇の必要性を理解できて、それに挑めているかどうか、またそこに使命感や責任感を持って事業貢献をする、あるいは社内規範に従い協調性をもっているかどうか、ということであり、これが従業員全員に求められることなのです。

そういった従業員を育てるにはどういった教育者が必要なのかというと、善の心を持ち、中庸であり、使命感や責任感を持って事業貢献をする、あるいは社内規範に従い協調性をもつことによってムードメーカーとしての行動力を発揮できる人材と言えます。

教育者を育てる構図

教育者は従業員接遇を作り ➡ お客様接遇を作る仕事

善を願う心の持ち主か

社会人教育の聖職者

中庸による信頼を築けるか

超過	自慢	恥知らず	無謀
中庸	誠実	恥を知る	勇敢
不足	卑下	恥ずかしがり	臆病

従業員接遇の必要性を理解でき挑める

- 使命感・責任感をもって事業貢献する
- 社内規範に従い協調性を持つ

ムードメーカーとしての行動力・発言力が生まれる

従業員の得意不得意に合わせて、不安要素を取り除くような接し方や、目標を明確にして、その場の雰囲気を盛り上げていける能力

教育者の率先した取り組みから従業員が人に対する意識を持つ

何事も率先垂範した取り組み姿勢を上司が見せることは、周りの従業員が感謝の気持ちを持ち、何かできることはないかという意識から周りの同僚に対する友愛の意識が芽生える

コミュニケーションツールを活用する

- スタッフノートで良い悪い事例の共有
- スタッフ全員参加ミーティングで一体感
- 目標数値設定・アンケート結果を意識づけ

従業員接遇が生まれる

共に働くスタッフ同士を大切に思い、自分に何かできることはないか、助け合う精神が生まれ、結果、接遇を理解した接客が生まれる

ES(従業員満足度の向上)と風土形成

従業員接遇 が形成されていない店舗にお客様接遇は生まれない

↓

風土形成 信頼とチームワークのある風土を作る

↓

文化継承 日本のサービスレベル・料理文化を継承する

つまり、従業員の得手不得手に合わせて不安要素を取り除くような接し方や目標を明確にして、その場の雰囲気を盛り上げていけるような能力を持つ人間です。

そういった教育者が存在する店が出来上がると、教育者の率先した取り組みを行う姿勢から従業員も他の従業員への感謝の意識を持ち、何ができるかどうかということを考え始めるようになるわけです。

それらの取り組みを行っていく中で、よりそうした意識を高めていくために必要となるのが、スタッフノートや全員参加ミーティングを活用してコミュニケーション能力を高めていくということです。

まとめると、教育者を育てる構図から言えば、まずは「従業員接遇」をできる環境が従業員に整っているかを確認すること、つまり善を願う心や中庸に信頼を築けるかどうか、また従業員接遇の重要性を理解できているかどうかということです。

そしてこれらが整っているのであれば、従業員の中にムードメーカーとしての行動力や発言力が生まれてきます。それが生まれてくることでさらに率先した取り組みを自ら行っていくことになり、他の従業員に対しての感謝の気持ちが生まれて、「何かできることはないか」という意識を持ち始めるのです。それは顧客に対しての意識につながっていきます。

基本的に「従業員接遇」は、従業員同士の間に芽生える無償の感謝ですが、顧客に対しては「対価」が存在するために「対価」以上のものを感謝の気持ちをもって返しなさいといっても「接遇」は生まれ難いことです。しかし、従業員同士で「なにかできないか」と思う気持ちを、お客様に対して持つことが「お客様接遇」であると理解させるのが教育者の役割です。そして、これを理解した教育者であれば従業員との信頼関係も構築でき、店全体を取りまとめることができます。

7 効果的な販売促進とは
（AIDMAの法則に沿って戦略を練る）

顧客に店を知っていただき、来店に結びつけるためには、販売促進は欠かせない営業行為であるのですが、無計画に販売促進を行っても効率的に効果を出すことはできません。

販売促進において、最も基本的なことは「目的とターゲットを明確にする」ということです。

なぜ、その販売促進が必要であり、タイミングがあっているか、費用対効果は見込めるか、あるいはコストはどれくらいかかるのかということを考えながら、

1．新規顧客の開拓

2．既存顧客のリピート率を向上

3．サービス強化、店舗力の底上げ

これらを促進させるためには、どんな施策が最適なのかを打ち出していくことが重要となります。例えば、店の認知率を上げるための、チラシやポスティング、DMと言った定番のものもありますが、店の内外装にこだわったり、限定メニューを個性的な手書きにするといった工夫も必要でしょう。また、アイドルタイム（閑散時間帯）の来客を促すための時間限定フェアなども考えるべきです。ハッピーアワー導入等が良い事例でしょう。

もちろん、季節指数販促として、季節に合わせた限定メニューなども一つです。

また、客単価を上げるための目標設定として、近隣の競合

効果的な販売促進とは

客数増施策

視認性向上・ファサード、内装デザイン
・外観（内観）インパクト・スタンド（メニュー、手書き）
・稼働看板・袖看板・ポスター設置・懸垂幕設置

認知率向上
・ポスティング指導・ハンディング指導
・折り込みチラシ・訪問営業・DM・SNS 発信

弱い時間帯来店
・期間限定チケット・時間限定フェア・持ち帰り
・イベント開催

来店頻度向上
・接客指導（リピート獲得）・アンケート集計
・DM・SNS 発信・記憶に残るサービス

顧客維持
・SNS 発信・季節毎の別紙メニュー
・常連客対象クーポン　・月感謝祭クーポン

情報収集販促（節度あるスパイ活動）
・客層分析　・商圏調査（データ集計）・聞き込み
・情報共有　・ベンチマーク

季節指数販促
・季節感フェア　・ドリンクフェア　・鍋フェア
・ポスター掲示　・SNS 発信

経営スタイル別販促
・個人店経営（小規模）・多店舗経営（大規模）
・ハイブリッド経営（多種）

客単価アップ施策

・各自当日おすすめ確認　・朝礼で徹底共有
・目標設定　・近隣競合調査（売価設定）
・おすすめ、特化メニューのアップセールス

目的とターゲットを明確にする

既存顧客の増加
来店率向上
リピート率向上

新規顧客の開拓
お店に呼ぶ
各種打ち出し強化

サービス強化
レベルアップ
店舗力の底上げ

なぜその販売促進が必要なのか

▶タイミングは合っているか？
▶費用対効果は見込めるのか？
▶コストはどのくらいかかるのか？

調査やおすすめ商品のレコメンドなど開店前のミーティングで共有しておくことも大切なことです。

これらの販売促進を行うにあたっては、目標を決めてアクションプランを作成するべきで、徹底的なコスト管理を考えて行うべきです。具体的には

●現状の売上（利益）がどれくらい増えるか？

●現状の客数（客単価）がどれくらい増えるか？

●現状のオペレーション人員がどれくらい減るか？

といったことなどがあげられます。

さて、マーケティング用語の一つに『ＡＩＤＭＡの法則』というものがあります。

Ａｔｔｅｎｔｉｏｎ（注意）

Ｉｎｔｅｒｅｓｔ（関心）

Ｄｅｓｉｒｅ（欲求）

Ｍｅｍｏｒｙ（記憶）

Ａｃｔｉｏｎ（行動）

の頭文字を取って「ＡＩＤＭＡ（アイドマ）」と言うのですが販売促進の効果は、この中のＡｔｔｅｎｔｉｏｎ（注意）、Ｉｎｔｅｒｅｓｔ（関心）に現れるもので、それ以下は実際の顧客サービスという人的要因が大きな影響を与え、このプロセスのうちの一つでも落ち度があると顧客は店には来ないということになります。

事例として

１　近くを通りかかったところ綺麗なお店をみつけた

珍しいので入ってみよう（注意）

２　新聞折込みで見るとおしゃれで煙も出ない

焼き鳥屋だという（興味）

3　販売促進券をもらい、さらに行きたくなった（欲求）

4　タイミングをみて知人と行くことにした（行動）

5　このお店の感想は素晴らしいものでサービスもよく料理も美味しい。こんなお店は初めてだ（記憶）

つまり、販売促進というのは物語でいう導入の部分であって、その後の顧客サービスと密接につながっているものと考えるべきでしょう。

8　店舗メニュー商品開発の流れ
（店舗コンセプトと顧客心理のギャップをなくす）

さて、飲食店経営で最も大切なものがメニュー商品開発でしょう。どんなにサービスがよい店であっても、メニューが乏しくては顧客の来店にはつながりません。それゆえに、メニュー商品開発は顧客が何を求めているかを確実に把握する必要があるのです。それに、食材、料理のデザイン、料理方法、メニューの名前などなど、それぞれにどんな意味があり、どんなコンセプトがあるのかを明確に理解できなければ具現化はできませんし、料理のプロであるという自覚を持って追求をする姿勢がなければ、決して良い商品開発はできないでしょう。商品開発にあたり、必要な項目は、次項図の『店舗メニュー商品開発の流れ』の通りになります。

この図の項目に沿って、商品開発のプロセスをチェックしていくのですが、この際に必要なことが、これらの各項目と開発商品のコンセプトが顧客心理と一致し、理想と現実のギャップは発生していないかということ、また、自分自身の引き出しだけに頼らず、常に比較対象とする指標に従っているか、そして、商品開発における正しいサイクルを毎回行ってい

店舗メニュー商品開発の流れ

立地別	・繁華街 (1 F、空中階)・ロードサイド・住宅街 ・商業施設・観光立地・特化立地（期間限定等）
業態別	・居酒屋・重飲食・軽飲食・ファミレス・チェーン ・ホテル旅館・食堂・病院施設・モール・ブース
企画別	・看板商品・大好き定番・お得感・希少・流行り ・高級、低価格・学生若年層・女性・家族、子供
提供方法	・焼く・切る・のせる・インパクト・音・匂い ・危険・熱い・散る・落ちる・冷める・説明時間
知識の吸収	・自分の知識だけに頼らない・書籍・SNS・ベンチマーク ・NET・店頭調査・聞き込み・知人・業者・生産者
センス	・手際・技術・盛り方・ネーミング・下準備 ・同時作業・味覚・器用さ・考察　など多数
特化食材	・季節・産地・地産地・定番・大好き・安心感 ・珍味希少・ヘルシー・食感・流行り・調味香辛料
調理技術	・仕込み・下準備・解凍法・もみこみ・臭みとり ・下処理・隠し包丁・女性、子供向け調理
味いれ	・食材知識・組合せ調理・生かし素材・メインサブ ・色合い・旨味の層・食感・風味・サプライズ・ユーモア
盛り付け／温度	・食器・ソース、メイン、あしらい 3 点の盛り方・豪快、繊細 ・3 原色の彩り・季節感・単調でない・面白い・センス
ネーミング	・わくわく感・ジャンル感・味付け感・独自売り文句感 ・とろ～り魅了言葉・産地希少感・別紙の手書き感
提供トーク	・食べ方説明・注意点・備品説明・ロスを抑える売込み ・席での火入れ、パフォーマンス説明・徹底した教育
原価／ロス	・ABC 分析を理解・PDCA 検証・ロス減の工夫 ・日時決算原価管理・売れないメニュー検証
ブックデザイン	・詰め込みすぎない・見やすさ・季節感、産地、食べ方記載 ・写真イラストの個性、美味しさ・ユーモア、インパクト
オペレーション	・ホールキッチン OP 速度、連携レベル・店内スペース ・複雑な知識が必要か・業態別、ジャンル別で変わる
席数／坪数	・席数による調理量、坪数による団体客数によって 調理時間や負担が変わる

るかということを常にチェックしていく必要があります。

同様に、メニューブックのデザインにおいても、商品説明やその商品の言われや物語が顧客に正しく伝わるほうが注文しやすいという原則があるので、それらを写真やイラストを使うことによって顧客の記憶に残りやすいものにすることで差別化を図ることができます。

もちろん、商品の価値とその評価は顧客に委ねられるものであるからこそ、アンケートを実施したり、SNSへの書き込みや様々なウエブ等での口コミを細かくチェックしていく必要があります。

そしてもう一つ大切なことは、メニュー全体を俯瞰して、それぞれのメニューの

「売上構成比」

「出数構成比」

「粗利構成比」

を割り出すことです。その際に役立つのが、ABC分析です。

これは、売上高・コスト・在庫などの指標を大きい順にランク付けし、優先度を決めて管理するための分析フレームワークです。ABC分析は、そのベースにある「パレートの法則」があるのですが、「売り上げの8割は全体の2割の商品で生み出している」という考えで、「少数要因によって大勢は左右される」という社会現象を法則として定義したもので、多くの方がご存知の「**80:20の法則**」とも呼ばれています。

また、メニューをABCの3つのカテゴリーに分けて、それぞれの役割で分析したABC分析について、

A=売れ筋商品

B=付属商品

C＝死に筋商品

として、それぞれが儲かる商品なのかそうでない商品なのかを分析します。

そうすると、「売れ筋商品」であっても「儲かるもの」「儲からないもの」が出てきますし、逆に「死に筋商品」であっても「儲かるもの」「儲からないもの」が存在することが分かります。

つまり、A・B・Cのどのカテゴリーにもメニュー構成上ではそれぞれが重要な役割を担っていることが分かります。

A：売れ筋商品なので業態イメージで重要
B：付属商品としてバランス、構成に影響
C：死に筋商品が多いが重要な役割をもつ

とイメージしていただければお分かりいただけると思います。

9 ゆとり、さとり世代が及ぼす飲食店事情とコロナ世代にむけて

（教育する相手の資質、コーチング力、社会的常識によって左右される）

飲食業界に限ったことではないのですが、人間が学校教育を受けている時代から社会人として成長をしていく過程において、自らが背負わなければいけない責任や義務というものは次第に変化していきます。少なくとも生まれてから義務教育を受けている年齢に置いては、家が商売をやっているとか、家の家計を助けなければならないという理由がなければ、まず社会人としての経験をすることはほぼ皆無と言っても過言ではありません。

しかし、それが高等教育や大学教育を受ける様になると、もちろん学業が優先にはなりますが社会人として生活を送っていくための準備として、アルバイトをしたり、あるいは、部活動、クラブ活動を経て社会人としての経験を積んでいきます。

そして、高等教育、大学教育を終えて社会人として独り立

ちをするようになると、それまでの経験というものは一旦リセットされるわけです。もちろん、過去に学校で学び身につけた知識が社会人として生きることは当然ですが、それ以上に、社会人としての職場スキルを学ぶべく、社会常識や人間形成を学ぶ期間がやってくるわけです。

一通り、そうした社会常識や人間形成を学んだあとは、今度は組織の中で、自分自身がどの様に行動することが組織に貢献することになるのかを自ら判断して行動をしていく責任を持たなければなるわけで、そういった資質が必要になるわけです。

仮にそうした社会人としての職場スキルや社会常識、人間形成を身に着けていなければ、良識ある態度や協調性といった社会的知性の欠如や、誠実さ、謙虚さ、公平さ、奉仕の心といった人間関係形成の欠如した人間になってしまいます。

また、逆に人の成長過程において教育に携わる人は、義務教育においては親（親族）や学校の先生がほとんどであり、この時期にどういう教育をされたかによって性格や人格が決定します。

そして、高等教育、大学教育となると、親（親族）や教員だけでなく、クラブ活動や部活動等では学校の先輩が、そしてアルバイト先ではアルバイト先の先輩や上司が教育に携わります。

この時点では、社会人経験のないまだまだ未熟な部活やアルバイトの先輩から大きな影響を受けることになり、何が正しいかを間違えやすい時期でもあります。

つまり、部活やアルバイトの先輩の資質が、社会常識や人間形成をどこまで身につけて教育できているかは、人によって大きく異なるので、本当の意味での教育者と呼べるかどうかは疑問視されるところです。これが、社会人なってからの環境では、会社の職場の上司や先輩はそうした一通りの社会常識や人間関係を学んだ上で教育にあたっているのであれば、社会常識を学ぶためには良い教育者と言えるのです。

つまり、学生時代のクラブ活動やアルバイト先の先輩が、社会常識に無知で、人間形成ができていない場合、そのような先輩から学んだことをそのまま身につけてしまうと、社会に出てからの常識を理解していないゆとり・さとりと呼ばれる人間を生み出してしまいます。また、そのような人間が、社会に出て上司となる場合もあります。その場合、社会常識を教えることができる教育者と呼べません。そのため、社会人としての生活を送るスタートラインに立つときは、一度リセットして、本当の意味での社会常識を学び直さなければなりません。

ですから、学生時代は、何も分かっていないのに世の中の仕組みを自分なりに解釈して、悟ったように偉そうにしている先輩がいるから、そういう人間には気をつけていかねばならないということです。それに輪をかけて、社会人としての経験を積んだ人においてもその業種や業態、またその社会コミュニティの中には、そうしたいわゆる社会常識から逸脱した人もいるので、どれだけしっかりした資質を持っているかを見極めなければならないということに尽きます。

10 コーチングは魔法の教育手法（コーチングは自分で習得して活用しろ）

コーチングの具体的な役割は、コミュニケーションを円滑に行うことです。

残念ながら日本の会社では、このコーチング手法を積極的に取り入れ、従業員教育に活用できているのはごく一部であることを知っておかなければなりません。

考えてみてください。日本の学校教育はもちろん大学でさえも、このコーチング理論が学べる授業や学科はまだまだ多くはありません。まして実践で使えるコーチングとなると、なんとなく手探りを経て試行錯誤することで得られる現場での教育手法の積み上げや、コーチング資格を習得した知識から応用させていくしかありません。

まして飲食店業界では、幹部、店長がどれだけこのコーチングを心得て、従業員に接しているでしょうか。私の携わってきた店舗では、ほぼゼロでした。それでも、店長という役職を得ることによって、現場で間違った指導を行い、従業員のモチベーションを下げてしまったり、店舗の雰囲気を悪くしてしまったり、有能な人材を退職に追い込んでしまったりと、悪循環な環境が多く存在しています。

それは従業員教育を行うにあたってスキル(作業)を教えることが教育だと勘違いしてしまっている経営者や幹部、役職の方々が大半だからです。これは一般的に「ティーチング」と呼ばれ、知るべきことを教えたり、進むべき方向を明示して、部下をリードする指導法です。

しかし、この方法では相手の経験が少ない場合は結果的に自信を失い、仕事の意欲を落としてしまうことになりかねません。

それを防ぐための教育手法のひとつであるコーチングでは、知識やスキルを一方的に教え、与えるものではなく、相手との対等な立場に立ち、相手の中にある優れた能力や自主性、可能性などを引き出すコミュニケーションスキルとなります。

「**相手には個人個人で個性や性格の違いや、習得するレベルにはそれぞれに可能性があり、夢や目標を達成するための、潜在能力は必ず誰しもが備わっている**」

と信じて相手の話を最後まで否定せず、あきらめず、愛情をもって深く聞き、相手の心の中の潜在能力を解放して自由な発言ができることで、新たな発見が生まれます。

これは私が勤めていたベンチャー・リンク内でよく教わったことで、「教育者は聖職者であれ」と言われました。この意味は、教育者たるもの相手の人生を左右する影響を及ぼす立場ということを理解し、真摯に向き合い、もし相手の能力が開花されない場合は自身の教えに問題があると思いなさいという教えでした。これが聖職者と言われる由縁で、要するに、人を教育することに対する責任をもって臨みなさいと言うことです。

そのために必要なことがコミュニケーションスキルであり、コーチングの役割はこのコミュニケーションスキルを伸ばすことにあります。

これにより、相手の潜在能力を見つけ、目標達成に導くことができるようになるのです。

コーチングを行う基本の流れとそのスキルとは

●傾聴スキル　（同調する）
●承認スキル
●質問スキル

右記3がコーチングのスキルとされていますが、これはコーチングに限らず、人と人とのコミュニケーションを図る上での基本のスキルであることを覚えておいてください。これらのスキルをまず活用し、コーチングスキルを高めていきます。

例えば対面でコーチングを行っているときに

1、相手の伝えたいことを最後まで聞き、しっかり聞いていますよという承認していることを、所作なり（相づちなど）

で相手に伝え、理解した上で質問を投げかけます。

2、この時もたくさん質問するのではなく、順を経て、答えが返ってくるまで見守ります。

3、投げかけた質問に対して、相手が自分の答えから、本来求められる気づきを導くことができた場合、質問した側は、それに対して否定するのではなく、まず認めてあげることが大切です。

このように、基本スキルの流れが作れると、その基本スキルにプラスして、その人が置かれている現実の世界に置き換えたりと、具体的な例を投げかけ、より核心に迫っていきましょう。

コーチングに必要な3つの行うべきスキルとは

「**聞く**」

「**質問する**」

「**伝える**」

ことが重要です。

●聞く

「聞く」とはつまり、相手が伝えようとしていることに耳を傾け聞こうとする姿勢を見せることが重要で、それを傾聴すると言います。

傾聴とは話の内容さえ把握すれば相手とのコミュニケーションが成立するという訳ではなく、相手の話の意図を理解しながら聞ききること、相手の話し方や仕草、表情、姿勢などに注意を払うことで相手の心理を深く察知し理解するコミュニケーションスキルです。

●質問する

「相手に質問する」ことによって、自らの成長や本質の気づきができる機会を増やしてあげることができます。

人は、他人の指示をその時の状況によって素直に受け止めにくい性質があります。

反対に、自分で気づいたことを改めることは、自己管理の世界であり、抵抗がさほどないため、うまく相手の立場を尊重し、自然と物事の本質にたどりつけるような質問を行い導きます。

●伝える

「伝える」ことは相手の長所を積極的に見つけて言葉や態度、その場の雰囲気で相手に伝わるようなコミュニケーションや、褒めるなどのスキルです。これは短所にばかり目が行きがちですが、あえて相手の長所に目を向けることで新たな人間性が見えてくるという人間関係の維持、向上のための大事なスキルです。

褒めることにより、相手に目を向けて、信頼関係を築きながら行いを評価していることを伝えることができるのです。

しかし、相手のことを評価していても、具体的な言葉や態度、雰囲気を出さなければ、相手は「評価してもらえた」と気づくことはできません。

日常で常に意識していても、普段行っているつもりのことが、意外と相手には上手く伝わっていないことが大半です。

しかし日常でその意識すらしていない管理職の方々がたくさんいるのも事実です。それはコーチングを実践しているのとは程遠く、コーチングの必要性そのものを理解させるマインド教育が必要となります。

右記3つのスキルはビジネスシーンには欠かせないコーチ

ングスキルであり、その他の友人関係、夫婦関係など人間関係の基本ともいえるスキルとなります。

11 コーチングの手順を踏めば一日でお店は変わる（コーチングの必要性を落とし込め）

［手順1］相手の現状を把握する（状態確認）

相手の置かれている心理状態や、今起きている課題、状況について、アイスブレイキング（緊張緩和）しながら具体的にヒアリングします。

ヒアリングは先にも述べたように、相手の話を最後まで聞き切り、導くことで、相手が自分でも気づかなかった視点で自分の置かれている状況について冷静に振り返ることができます。自分の中に解き放たれていない新たな部分について、人に聞いてもらうことにより、思考や感情が客観的に整理されます。

［手順2］何が障害なのか課題を明確にする（苦手克服）

まず現状の状態を確認し、相手が何で自分の成長を防いでいるのか、その問題点や、原因を明確にします。自身の成長を妨げている原因について掘り下げて、苦手意識から、その課題までを明確にしていきます。

［手順3］現実と理想のギャップを埋めるための目標を具体化する（改善計画）

ここでは具体的なゴールを決め、理想のゴールに対して、何が現実とのGAPがあるのかを埋めていきます。

ゴールを明確化することにより、解決すべき問題が明確になり細分化されます。

ここでギャップを埋めるための細分化するまでを導き出す一つのツールを紹介しておきます。

これはプロダクトツリーと言って、まず大きな目標を決め、そこからどんどん細分化していき、最終的には具体的な行動計画を見出せるものとなり、頭の中を整理するためには便利なツールです。これにより、目標の具体化が可能となり、モチベーションアップにも繋がります。

［手順4］ゴールの先の欲求について明確にする

ギャップを埋めるためのゴールを明確にしたら、ここからが重要なところとなります。

本来の目的は、ゴールを明確にして計画を立てることではありません。その先にある本当の効果や目的を明確にします。また自分に対して感じるメリットと、職場に対してのメリットとは、個々によってどこに重きを置くかは、それぞれの働く目的によっても異なります。

相手がどこにやりがいやモチベーション効果を感じるかは、その人の置かれている状況で変わりますが、この2つが連動することで、どちらにも相乗効果があることへと導き、理解してもらうことが、本来の理想とする目的だということも忘れてはいけません。

「ゴールを達成することで、どういったメリットがあるのか」
「なぜ、それを得る必要があるのか」を明確にすると、自分でも気づかなかった欲求を発見することができます。

12 コーチングするときのマインドとは（マインドは手法の上流にあり）

私は、全国の飲食店の従業員の方をご指導させていただく場では、最初に教育とは大きく分けて2つに分類できますが、それは「何でしょうか」という問いかけを投げます。

それは、

「スキル教育」＝効率的な作業、知識、経験

「マインド教育」＝感受性、愛情、情熱

であり、それをそれぞれ、TPOによって使い分けることはコーチングの世界でも重要な技法となります。

特にコーチングの技法とは、このマインド教育のことであり、むしろスキル教育とはティーチングにあたるでしょう。このマインド教育に対するコーチングを行い、相手に対してポジティブな影響力を発揮するためには、知識や経験だけでなく、感受性、愛情、情熱が重要です。

そのマインド教育を行う上でのポイントを説明します。まず重要なことを一言で言ってしまえば、

『相手のよき「理解者」になる』

ということです。

思い出してみてください、昔、スクールウォーズという高校ラグビーチームの実話を基にしたドラマがありました。もちろん試合もまともに行わない部活とは名ばかりの不良たちの寄せ集めチームです。ですが、とある先生がその学校に赴任して、ラグビーの顧問となり、最後には全国優勝を成し遂げるといった有名な話です。

私は、このチームを変えた一つの要素は、このマインド教育だったと考えています。スキルだけなら、推薦で入学したメンバー達である程度強いチームは作れますが、それだけでは優勝や、その過程で重要なことを学べる機会は少ないかもしれません。話せば長くなりますが、一つの成功事例として上げておきます。

さて本題に戻りますが、コーチングで必要なポイントについて、話を進めていきますと、大切なことというのが「相手の話を途中で遮らず、最後まで聞いて傾聴する」ということです。どういうことかと言えば、自分は相手にとって「信頼できる良き理解者なんだ」と感じてもらうために重要なことは、まずは相手の話をよく聞き、親身になっている姿勢です。

その時間は、どんな内容であっても、相手の言い分を遮ることなく否定せず、途中で口を挟まずにしっかりと最後まで聞き切ることが、相手にとってはよき理解者と感じてもらえます。相手が自分のことを理解し、「承認」しようとしてくれているんだと思える状態になると、次のステップに進める対話が生まれます。

では、この承認について私が教わったポイントを図で説明しておきます。

承認のポイントには3つあります。
この3つの中のうち、コーチングにおいては、存在承認が最も重要となります。
承認ポイントにはレベルがあり、

1 存在承認が基盤
2 その上に成長承認
3 更なるその上に成果承認

とあります。

	褒めるための難易度	モチベーションの効果
成果承認	高い	低い
成長承認	低い	高い
存在承認	不要	基盤

この3つの承認ポイントを相手の踏む段階に合わせて承認することができれば、よりコーチング効果を発揮することができます。

それではこの3つの承認について解説していきます。

1 存在承認はモチベーションを上げるための最初の基盤

まず、3つの承認における基盤となるのは、相手の存在を認めることです。

もし相手に自分の存在を認めてもらえない場合、その人は自分の存在意義すら感じられず、その場所にいること自体が間違いであるかのように受け取り、本来の目的を見失ってしまいます。

コーチングされる側が、同じ職場のメンバーとして、そこに存在しているだけで存在価値があるんだと、指導する側に伝えられる（存在承認）ことは、相手を認めるための課題や難易度は、特にこの段階では必要ではないため、まずは相手のモチベーションを上げる効果として基盤を築きます。

（例1）日常で成り得る存在承認

・明るくおはようと挨拶する
・相手の目を見たりと動作を止めて話す
・名前で呼ぶ
・誕生日を祝う
・暗い顔をしているときに声をかける
・意見を求める
・お礼の言葉を積極的に伝える

など、このような日常の些細なことであっても、相手の存在を認めて、それを一時的ではなくしっかりと伝えることは、相手の心の中に残る存在承認が行われていることになります。

（例2）職場の上司と部下の関係での存在承認

・仕事を任せてもらえる
・名前を覚えてもらっていた
・意見感想を求められた
・結果だけでなくその過程もしっかり見てくれた
・仕事の進捗具合など気にかけてもらえた
・誕生日を覚えてもらっていた
・ねぎらいの言葉を伝えられた

褒めるための難易度は不要

これらの行動は、相手の存在を自分の中で認めるだけであり、それを相手は受け止めることでモチベーションやマインド意識が高まるため、承認するために乗り越える難易度は求められません。といいましても、存在承認だけで相手の承認欲求を満たすことはできないため、承認する過程における成長を褒める成長承認や、成果の結果だけを褒めるなどの成果承認などは、存在承認がなければ十分な効果を発揮しません。

モチベーション効果を今後に得るための基盤

そのため、存在承認は信頼関係を作りたい相手との土台であるとの認識が必要です。

初対面で名前を呼ぶのは少し恥ずかしさがあったり、覚えていないとなかなか言い出せません。

そのため、存在承認は実績が出せるような成長過程において、信頼関係を作りたい相手との基盤であるとの認識が必要です。しかし、名前をつけて話をするように心掛けるだけでも、相手からの信頼感が増すようになります。

2 相手の成長、過程を承認する（成長承認）

次に、成長承認とは、日常抱えている課題に対して、その途中経過に対するプロセスや変化を承認することです。

職場であれば、プロジェクトの進捗状況に対して改善が必要だと思ったことを修正した部分を褒めます。また、学校や家庭などの教育現場の子育てにおいては、子供の成長する過程で、成績の評価や間違った言動があれば、それを正しく行えるようになった部分を褒めます。

これは、目の前にある問題に対して成功や失敗の結果がどうであれ、その問題に取り組むために変化し、成長した言動や努力に対する評価を承認します。これは、褒めるための難易度が低く、相手に与えるモチベーションを上げる効果が高い特徴があります。

褒めるための難易度が低い

成長承認は、結果が出ていないもしくはその過程でも、相手の努力を褒めることができます。そのため、成果承認と比較したときに、褒めるための難易度は低くなります。

例えば、勉強の成績が悪い場合でも

・相手がどのように改善し取り組んだか
・取り組んだ時間や考えたり工夫したところ

など、相手の努力したところに焦点をあてることで評価が可能になったり、褒めるべき難易度が低いために、相手のやる気や意欲、潜在能力を高めることができたりと、比較的日常で取り入れやすい褒め方といえます。

モチベーション効果が高い

成長承認は、相手のモチベーションを上げる効果が高い褒め方です。なぜなら、成果承認は結果が良くないと褒められないのでモチベーション効果は出にくいのですが、成長承認は努力したことやそのプロセスの言動に褒められると、結果が出ていなくても、次からも努力や行動を行うというモチベーションアップに繋がるためです。

そのため、自分の興味のあることや、簡単なことしかしたくないという心理にとらわれず、難しいことや苦手なことにもチャレンジしようとする、意欲のある行動を引き出すことができます。

3 相手の成果を承認する（成果承認）

成果承認とは、結果や実績に対して褒めることです。

職場や学校や家庭などの教育現場では、最も日常で行われる回数の多い承認方法だといえます。職場では営業ノルマや目標をクリアしたかどうか、学校や家庭などの教育現場では、成績の評価や日頃の言動が良かった場合に承認されます。

しかし、成果承認は褒める難易度が高く（結果が伴うので、褒める機会がなかなか得られない）、褒めることにより相手に与えるモチベーション効果を得にくい特徴があります。

褒めるための難易度が高い

成果承認で相手を褒めるためには、まず相手が課題や目標に対して、求められる内容を達成する必要があります。なぜなら、求められる内容の条件に満たなければ、それは達成とは言い難く、褒められることはありません。

それ故に職場や教育現場における円滑な環境、雰囲気を作るために、自分が相手を褒めようと思っていたとしても、相手に対して、自発的に承認を行えるようなことにはならないのです。

モチベーション効果が低い

成果承認で褒められた場合、一見、相手のモチベーション効果は絶大だと思われがちですが、褒めた瞬間的には相手を喜ばせることができる反面、次回へのモチベーションを高めるには効果が低く、持続性のある承認方法とは言えません。

その理由とは、

① 達成した後、次の課題へと取り組む際に、更なる大きな課題に取り組む目標設定が生まれやすかったり、次の課題に対するプレッシャーや更なる努力を求められることによる自信の強弱が人によって変化してしまうからです。

② **成果だけを褒められると、次回からは結果が残しやすい、容易な課題にしか取り組まなくなったり、更なる大きな課題に取り組むことを、敬遠しがちになったりするからです。**

まとめると、これらのモチベーション効果を生めそうで生めないことが、職場や教育現場においての矛盾でもあります。

そうならないためにも、成果承認における次の課題を与える際は、

- **前の課題の延長線上にある目標設定を行うだけでなく、**
- **違う視点で目標設定を行い、結果としてステップアップしていける状況を作る**

ことも重要なことになります。

成長承認と成果承認の効果を理解して、相手のよき「理解者」になるということを前提にマインド教育を行っていくことが求められます。

13 コロナ時代を迎えた飲食店の今後の進むべき道
デリバリー事業と食品販売（EC販売）における取り組み

2019年の年末に発生した新型コロナウィルスは世界的なパンデミックを引き起こし、私達の生活様式をガラリと変えました。特に、この疾病を避けるために、他者との接点を極力避けねばならない日常生活を余儀なくされました。

飲食店とは、食を楽しむ場所であるだけでなく、人々が集まり、食事をしながら様々な情報交換をするコミュニティセンターとしての役割を担っています。しかし、このウィルスによって、飲食店のすべてに営業の自粛が求められ、コミュニティセン

ターとしての概念が崩れ去られてしまいました。それゆえに、どの店も大打撃を受け、多くの店が廃業に追い込まれるといったことが現実となったわけです。

そうした状況の中で飲食店が生き残りをかけてするべきことが、フードデリバリーであり食品販売（EC販売）であるわけです。とはいえ、そうした事業を通じてコミュニティセンターとしての役割をどう果たしていくかも同時に、大きな課題として考えていかないといけません。

もちろん、外食ができないから、内食、つまり家で素材から調理したものを食べれば良いということではありませんし、やはり、お店の料理を食べたいという需要が無くなるわけでもありません。

顧客の食への楽しみを満たすということを考えれば、フードデリバリーや食品販売（EC販売）事業が脚光を浴びるのは当然であり、特にデリバリーについては一つのキッチンでジャンルの異なる複数のブランドを展開するといったゴーストキッチン化された新たなビジネスも登場しています。

このようなフードデリバリーのプラットフォームで、ブランド数を増やすことが、そのまま露出量の倍増に繋がります。実店舗で例えるなら、家賃はそのままで店舗数を増やせるようなものですから、これをやらない手はありません。例えば、焼肉店であっても、同じキッチン内で寿司や丼ものを料理して提供するといったような感じで、しかも同じシェフが複数のジャンルの料理をこなせれば、キッチン、そしてシェフといった資源を同時に効率よく運用していくということが可能になります。また、食材も同様です。同じ食材を様々なジャンルに使い回していけるために、仕入れコストの削減にも繋がっていくのです。

さらに、アイドルタイム（閑散時間帯）の売上をプラスアルファで取ることと、人件費の削減、そして副収益の確保につなげることができます。こうしたことが実現されることで取引先の信頼性の向上を確保することができ、新たな事業展開に向けての資金調達が簡単になります。

また、食品販売（EC販売）であれば、リアルな店舗のように立地にこだわり、その地域にあったマーケティング戦略を立てなければならないということに比べ、外に向けての発信なので市場を選ばずに、宣伝・告知・PRの方法次第で日本国内はおろか、海外での需要を見込むことが可能です。

そればかりではありません。リアル店舗と比較した場合に、食品販売（EC販売）であれば、冷凍食品や缶詰等、賞味期限が数ヶ月から1年近くに渡るものがあるため、その時間内に販売をすれば良いということで、食品ロスを基本極めて少なくすることができるというメリットも存在するのです。

それ故に、今後の将来性の見込めるビジネスモデルとも言えるでしょう。

14 コロナウイルス時のような苦境にあえぐ社会情勢が再来した場合に備える（リスクヘッジと第2のレール）

とにかく、飲食業というものは、簡単に始めようとする方が多い反面、社会情勢の変化に対して大変に脆弱な性格を持つ業界です。ですから、予測もできないような苦境が訪れたときにどの様にそれから店舗運営を守っていくかを考えなければ、ビジネスは成り立たないのです。つまり、主体となる店舗運営を行いながら、それに付帯する事業、つまり先程のフードデリバリーや食品販売（EC販売）を同時に進行していくことによって、「もし、店に顧客が来なくなってしまったとき」の対応がしっかりと取れるようになります。

この方法は、これらばかりではありません。EC販売にも繋がるところがあるのですが、自社の商品を冷凍にして自販機販売をする、あるいは無人販売店を作ってそこで販売するということも考えられます。実際、現在の冷凍技術の進化を考えれば、ラーメン、寿司、餃子なども冷凍して数ヶ月は保存が効く商品としての販売が可能となっています。

第4章のまとめ

1時間だけで要点を学ぶポイント!

- 短期目標から中間目標、長期目標を明確にする
- 飲食店形態によるコスト体型を知り、自店舗に当てはめる
- お客様へのサービス構造と手順について「接客」と「接遇」の違いを知る
- コーチングの具体的な役割はコミュニケーションを円滑に行うこと
- コーチングをおこなう基本の流れとそのスキルとは傾聴スキル・承認スキル・質問スキル
- マインド教育とは、『相手のよき「理解者」になる』ということ
- 承認ポイントには1存在承認、2成長承認、3成果承認があるということ
- デリバリー業態は、一つのキッチンでジャンルの異なる複数のブランドを展開する
- 食品販売(EC販売)は日本国内はおろか、海外での需要を見込むことが可能

[第5章]

著者が現場で経験した繁盛店を作るための飲食店成功事例

具体的な逆境を乗り越えたストーリー

この章では、実際に携わった飲食店の成功事例をいくつか紹介します。もちろん、ここでの成功事例があらゆる飲食店に対してマッチするかどうかは、様々ある飲食業の形態や立地その他諸々で変わってきますので、あくまでも、最も皆さんの関わる店の状況に合わせて参考にしていただければ幸いです。

1 現場を知るからできる！店舗にチームワークを作る秘訣

絶対的雰囲気（ハード面）と相対的雰囲気（ソフト面）

まずは、スターバックスコーヒーの事例からご説明しようと思います。スターバックスと言えば１９７１年にアメリカ合衆国ワシントン州シアトルで開業した世界最大のコーヒーチェーン店で、日本には１９９２年に上陸して、現在は日本中どこにでも普通に存在します。特徴としては、ソファーや落ち着いた照明など長居したくなるようなインテリア、通りに面したオープンテラス、店内全面禁煙、そしてフレンドリーな接客がその大きな特徴ですが、最近では、持参したタンブラーやカップ類を使用することも可能で、持参したタンブラーやカップ類は、使用前後に洗浄をしてもらえたり、紙製のストローに切り替えたりというＳＤＧｓを意識したサービスが話題になっています。

そうしたスターバックスですが、先の「お客様へのサービス構造と手順について」でご説明した「スタッフ同士の接遇力」とは別に「ブランド力」が伴ってこその、あの経営力があることは周知されているかと思います。

本来の「スタッフの接遇力」、つまり、お店のことを好きになるために「善の心」「無償の思いやり」をベースとして働くことにより、接遇が生まれてくるわけです。これがスタッフ同士からお客様へ自然と伝わることが習慣となって、その過程の中で、従業員接遇の必要性を理解した、教育者が育ってくるというところで、チームが構築されてくるのです。では、スターバックスはどうかというと必ずしも、「接遇力」があるとは言い切れないところが、経営の難しいところなのです。

なぜならば、今のスターバックスで働く従業員さんの動機を探ってみると、現状でありがちなのが「ブランド力」から来るものが多く「スターバックスというブランドが好き」だから働く、あるいは「おしゃれだから」「かっこいい」から働くといった動機が多いのも事実です。本来の「接遇」におけるおもてなしの心理から働きたいという動機とはかけ離れたところにあり、それによって生まれる接客とは一つの作業になってしまっているお店もあります。

もちろん、「ブランド力」もお店の持つ「ファッション性」も仕事に対して情熱を持つという意味では重要ではあるのですが、働く動機が「接遇」におけるおもてなしの心理からでは無いスタッフが、あのスターバックスですら、時に存在するのです。

では、こうした状況からチームワークをどうやって構築していくかを考えてみましょう。

まず、お客様の店舗の評価基準の一つに、お店の雰囲気があります。では、ここでいう雰囲気とは何を指すのでしょうか。私の経験から考えると、この雰囲気作りができている店舗は、他の管理項目にも影響を与え、それは、大変重要な部分を占めることになると感じています。「雰囲気のいいお店だね」とお客様に言われることは良いことでしょう。しかし、それはどの部分でいいのか、あいまいな一言でもあるのです。

店舗の雰囲気とは、ハード面だけを見て良いと判断しがちですが、それは大きな間違いです。本当の意味での雰囲気が良いお店とは、ソフトな面から始まるということです。なぜならば、どんなにお金をかけて、すばらしいお店を作っても、店舗そのものの風土によって台無しにすることが、幾通りも考えられるのです。

そもそも、お客様がお店に来る理由は、何らかの期待を抱いて来るものです。そして、その期待と相重なったときに感動と満足が生まれます。すばらしい内装のお店で、出てくる料理もおいしそうだったとします。しかし、従業員の笑顔も無く、元気も無い、ましてや、楽しそうに働いているようにも見えず、たまに従業員同士で口論しているお店であったなら、雰囲気のいいお店だったと何人のお客様が感じるでしょうか。

お店の「雰囲気」には

●絶対的雰囲気（ハード面）

●相対的雰囲気（ソフト面）

の2つの面があります。ここでいう絶対的雰囲気とは、外見上で判断できる内装などです。逆に相対的雰囲気とはその時の場の雰囲気、流れ、心理的要素など、人が人に与える影響とでもいうべきものです。店舗の雰囲気作りとは、この相対的雰囲気が最も重要です。その雰囲気作りができているお店は、あらゆるサービス、マネージメント、メニュー、販促などが必ず良い方向へ向かっていくでしょう。

また、逆にもし店舗に問題のある部分があったとしても、この相対的雰囲気を個々で理解し使い分けることができたら、その日起こるクレームを次回の来店動機に逆に活かせるといったことにも繋がるのです。つまり、第4章の5で記した「クレームを宝石に変える」という内容にも繋がります。

つまり、「ブランド力」に頼りすぎると「接遇」におけるおもてなしに対する考えを持たずに働くスタッフが存在するため、結果的に、店舗内でお客様接遇の意味を理解していない、自主性や倫理観の欠如が生まれることがあります。

倫理観の欠如とは、前向きな人間関係を構築しようという意識もさることながら、良いことはするし、悪いことはしないという当たり前の組織を作っていくことができない店舗となってしまうわけです。例えば、その職場では通用しても転職すると通用しなかったり、一見、接客は素晴らしくても、人に教える時に短時間で『なぜ』こうなるかを伴って理解させる教え方ができないなど、物事の本質を理解していない状態です。そうした倫理観の欠如によって、チームワークの低下が起こるといったことに繋がってしまうのです。

2 ホスピタリティと接遇の連鎖が繁盛店の秘訣
（店舗理念の浸透、価値観の共有）

これは過去に私が株式会社ベンチャー・リンクグループでスーパーバイザーとして勤務していた時の話です。同社はフードサービス業のFCの世界で1990年代の後半から2000年代の半ばごろまでの十年間足らずでブレイクし、「牛角」や「サンマルク」など、数々のフランチャイザー（業態本部側）に対して、業態ブラッシュアップやノウハウなどの開発・展開支援を行い、結果としてフランチャイジー（加盟店側）を全国に広め、成功へと導くビジネスモデルを確立させました。しかし、同時に、さまざまな問題も抱えることとなり、2012年3月に幕を下ろした会社でありますが、その時に私が実際に体験してきた逸話（エピソード）です。

当時私は、大阪支社に所属しておりました。そんな最中に、大阪で加盟をされた、あるFCの店舗の経営不振のために、コンサルとして大阪市場に詳しい私と、そして東京から3名が、そこに業績改善のための診断に入ったのです。ですが、結論から申しますと、その店舗のオーナーから我々の業務内容にストップがかかったのです。

なぜなら、オーナー曰く、何の信頼関係もない中でFC本部からスタッフが来て、色々アドバイスをされることに不満があるということでした。つまり、東京の人たちに、いきなり「あれをしましょう」「これを改善しましょう」と言われても受け入れられないというのです。私は大阪からの参加ではありましたが、どこの土地であろうと、オーナーからすれば関係ありません。

本来ならアドバイスをするにしても、まずは、しっかりとカウンセリングを行い、その時間の中で、同じ立場で気持ちを察していくことで「〇〇をすることは、〇〇につながるから、一緒にやっていきましょう」といった、共に改善していこうという信頼関係を築きながらのスタンスを持たなかったことが、大きな原因だったのです。

これは、コーチングスキルの手法の大前提であり、ホスピタリティの連鎖という観点で言えば、コンサルタント側と加盟店側との接遇が築けていなかったということです。

そういう失敗談の中で、どうすればホスピタリティと接遇の連鎖がうまく行くのかということですが、本来、飲食店経営に必要な店長とスタッフの関係を考えた場合、まずは両者の価値観の共有ができていなければなりません。そのことに基づいて私の失敗談を考えると、コンサルタントとお店側との価値観の共有ができていなかったから、こうした結果が導き出されてしまったということになります。

ですから、店舗内で様々なことを落とし込む場合も同様に、店長の価値観(店の理念、方向性)に対して、スタッフがそれらを共有できたり、スタッフが共感してくれることで、その実現のために組織全体で動いていくということが必要になるのです。

そうした組織力を上げるためには、店長以下スタッフ(アルバイトを含む)を同じゴール、同じ方向に全員向かせることが第一歩であり、そこから自分なりのスタイルを取り入れ、店長が見本を持って示してあげる(率先垂範)ことでスタッフにも自主性が生まれてくるものです。

店舗理念や価値観ばかりを押し付けるのは「強制」に過ぎません。必ず共有し理解をしてもらった上で自主性を持って取り組んでもらうことが、繁盛店になるための秘訣です。

そして、それを実現させるための様々な施策に、OFFJT(Off the Job Training)が上げられます。

よく聞くOJT(On the Job Training)は飲食店の場合、実務を体験させながら仕事を覚えてもらう教育手法ですが、OFFJTとは職場を離れて外部講師を招いたり、セミナーや研修などを行うことで、業務の知識と土台となる「型」つまり、ビジネスマナーなどを広く学ぶことになります。

OJTと組み合わせることで、より、その企業の理念や価値観を受け入れやすくなるというメリットがあります。もちろん、OJT、OFFJTばかりでなく日常的な全体ミーティングや、業務中の課題へのフィードバックなども、店長が責任をもってスタッフに行うことも大切ですし、そうした姿を見せることが、何か問題が起こった時にお互いに助け合うという心理を働かせることになり、接遇の連鎖へと繋がっていきます。

3 いつの時代でもアナログツールこそ繁盛店を作る魔法の道具
（アナログはデジタルを超える）

現代社会では、ＡＩの発達によって、さまざまな戦略ツールが開発されています。そんな時代にあえて、昔から使用されているアナログツールを使うことの効果とはどういったことなのでしょうか。

それは、戦略の立案にまず参加させるという方向性を考えるときに、①お客様評価と、②現場スタッフのアイデアや意見を、吸い上げる仕組みを作ることから始まります。それを、従業員全員が聞きいれる姿勢を持っていること、そして、スタッフそれぞれが持つノウハウやルールを現場で共有できるようにすることに意義があります。

決してそれらを掲示して終わりにするのではなく、必ず店舗運営の実践の中で、分かりやすく、誰もが活用できるよう、積極的に経営に参加していくという意識を芽生えさせることにあります。

では、具体的にどのようなアナログツールを使うのかというと、繁盛店を作る魔法の３大要素として上げられるのが、

●「**手書きスタッフノート**」
●「**手書きアンケート**」
●「**店舗スタッフ全体ミーティング**」

となります。

この3つをスパイラルで回すことが重要となり、この中でも特に「スタッフノート」「アンケート」は実際に形としてある手書きのツールです。それゆえ「アナログツール」と呼びます。

今どき「手書き」と言われそうですが、それがどれだけ大切かというお話をしていきます。

「スタッフノート」ですが、これは日記でもなければ日報でもありません。このツールの大事なことは、お店側のスタッフ

視点で、スタッフ個々の自主性を引き出しながら、書き記すものだということです。日々の業務を通じて、店舗運営に効率的で効果的と思われる提案事項を積極的に書き込んでいくものです。それによって価値観が共有でき、提案できるそれぞれの仕組みを構築させることが、このスタッフノートの活用法です。

これらの内容に、他のスタッフの目を向けさせるための日々の意識付けも大切です。もちろん、日々の自主性を書き記すとはいえ、毎日の気づきを書かねばならないという必要性を理解させる必要もあります。

次に「アンケート」ですが、4つに分けて説明します。

1つ目に、単純にお客様視点を主体として生の意見を参考にさせていただき、店舗の良い面と悪い面を把握することで、店舗運営に活用していくことができます。

2つ目は、お客様にアンケートを書いて頂くことで、販売促進に生かす情報を取得することができます。つまり、客層を把握したり、店舗を利用する目的などのデータを把握することができるということです。

3つ目は、クレームが発生した時に、お客様の連絡先などが分かるので、後からフォローすることができます。

4つ目は、アンケートを手書きで書いて頂くために、お客様に直接お伺いするということで、コミュニケーションのきっかけづくりという利用方法にも繋がります。

そして「全体ミーティング」ですが、これを行う上で「スタッフノート」と「アンケート」は必要不可欠なものです。

噛み砕いて言うと、

●従業員目線で作られたのが「スタッフノート」であり、
●お客様目線で作られたのが「アンケート」になります。

この2つの視点からの認識の違いと、現状と理想のあるべき姿との「ギャップ」を埋めるのが「アルバイト主体の全体ミーティング」です。そして、その改善点を話し合うことで店舗への参加意識や感動、接遇の意義を養うことに、その目的があります。

そのためには、日頃からスタッフノートをどうやって意識付けして書かせるか、アンケートをどうやって獲得させるかということを考え、全体ミーティングに活かしていくということが繁盛店へのスパイラルを構築することに繋がるのです。

4 付加価値をPDCAサイクルを用いて分析する事が繁盛店への道 （PDCAサイクルが店舗の核となる）

付加価値についてですが、例えば、お客様が店に1万円を支払って食事をしたとします。それに対して、お店側が、1万5千円に相当するおもてなしをすると、お客様は5千円の付加価値を得たことになり、それが他店差別化となり、リピートに繋がるわけです。

しかし、この5千円分の付加価値をその場の思いつきで行うのではなく、店舗全体で共有することで、均一の付加価値をすべての顧客に提供できます。

そのためのお店の一日のルーティンとは、「事前準備」「営業前」「営業中」「営業終了前」のサイクルと位置付けられます。この4つの区分ごとの行動の中で、どのような付加価値の追求とルーティン業務をこなすことができるのかを、常に考えることになります。

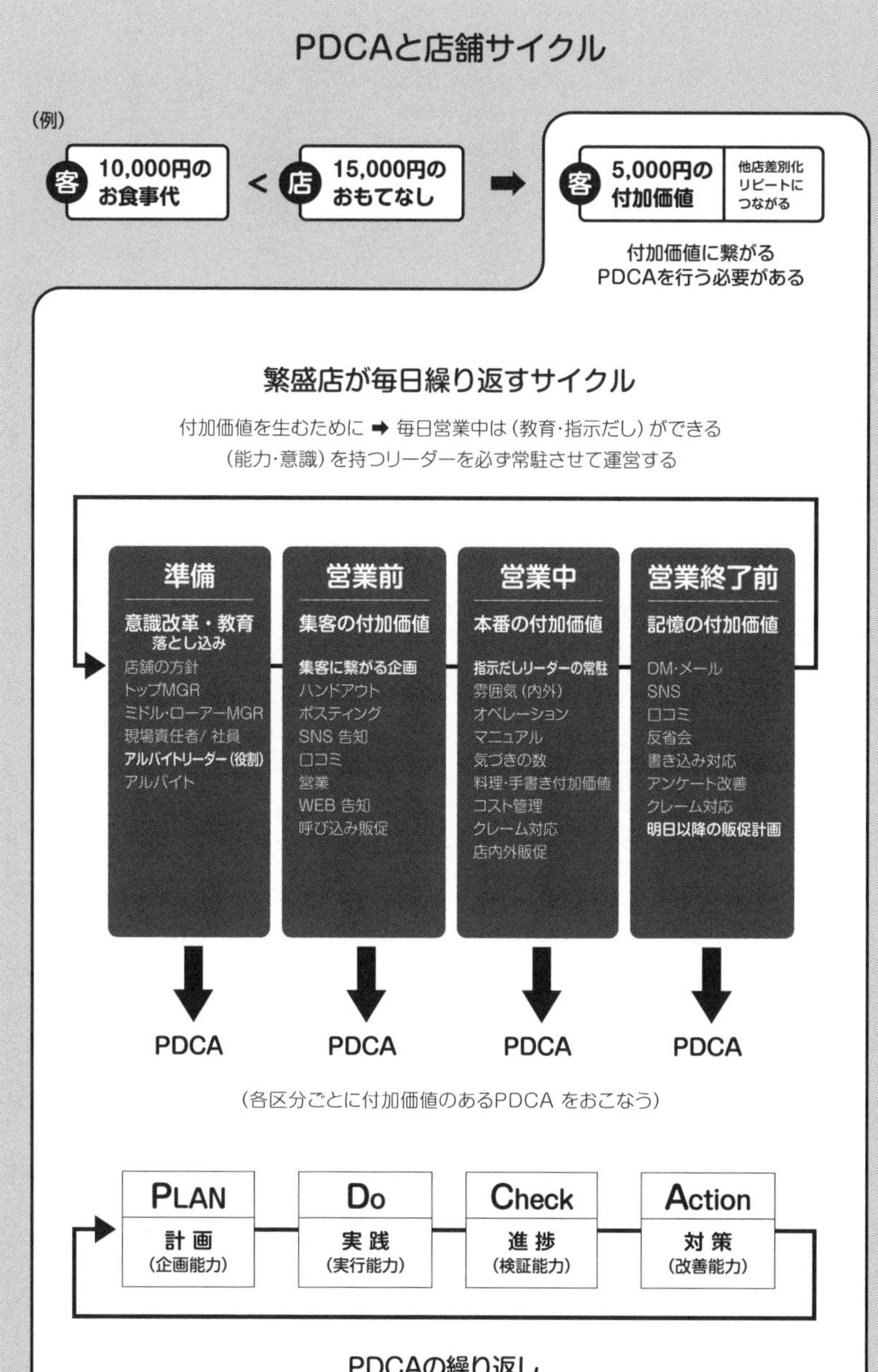
PDCAと店舗サイクル
(例)
客 10,000円の お食事代
<
店 15,000円の おもてなし
客 5,000円の 付加価値
他店差別化 リピートに つながる
付加価値に繋がる PDCAを行う必要がある
繁盛店が毎日繰り返すサイクル
付加価値を生むために ➡ 毎日営業中は(教育･指示だし)ができる
(能力･意識)を持つリーダーを必ず常駐させて運営する
準備
意識改革・教育 落とし込み
店舗の方針
トップMGR
ミドル･ローアーMGR
現場責任者/社員
アルバイトリーダー(役割)
アルバイト
営業前
集客の付加価値
集客に繋がる企画
ハンドアウト
ポスティング
SNS 告知
口コミ
営業
WEB 告知
呼び込み販促
営業中
本番の付加価値
指示だしリーダーの常駐
雰囲気(内外)
オペレーション
マニュアル
気づきの数
料理･手書き付加価値
コスト管理
クレーム対応
店内外販促
営業終了前
記憶の付加価値
DM･メール
SNS
口コミ
反省会
書き込み対応
アンケート改善
クレーム対応
明日以降の販促計画
PDCA
PDCA
PDCA
PDCA
(各区分ごとに付加価値のあるPDCA をおこなう)
PLAN 計画 (企画能力)
Do 実践 (実行能力)
Check 進捗 (検証能力)
Action 対策 (改善能力)
PDCAの繰り返し

具体的には、

●「事前準備」では、その日一日の店舗の方針や各役職別の役割等についての考えや行動について

●「営業前」は集客につながる企画やポスティング、SNSによる告知や口コミについて

●「営業中」は店の雰囲気やオペレーション、料理、コスト管理

そして、「営業終了前」「振り返り」「明日の準備」ではDMや口コミ、反省会そして、明日以降の販促計画等についてPDCAのサイクルを毎日回していくことで、付加価値の創造をしながら運営をしていくことになります。

また、日々のルーティン業務だけでなく、どのような付加価値をもたらすことが、顧客満足につながるのかを分析する必要があります。その分析には、一般企業でもよく導入されるPDCAの手法を用いた、4つのプロセスがあります。

●メニューや販促を考え企画するプロセス（＝PLAN）

●考えた企画を顧客に提供するプロセス（＝DO）

●提供したことを通して顧客にファンになってもらうために検証するプロセス（＝CHECK）

●検証した内容から改善するプロセス（＝ACTION）

この4つのプロセスを経てどういった付加価値を作っていくかを、PDCAサイクルに取り組んで構築していくことになります。

5 コスト管理とルーティン業務を日常化しない店舗は繁盛しない
（ルーティン業務が機能するメソッド）

これは私自身が経験したことですが、以前、大阪王将の香

港出店に対して、サポートをするべく香港に滞在していた時のことです。まず私が行ったことは、ルーティン業務がしっかりと行われているかどうかを確認したのです。つまり、香港という土地でルーティン業務の重要性が、どこまで浸透しているかということです。

ここで再度確認しておきたいのは、ルーティン業務とは何かということですね。日々の業務の中において、一ヶ月、一週間、一日という時間枠の中で、当然のように習慣化して行わねばならない業務を示すものです。そして、それらの業務が無駄なく各ツールを利用して、お客様への配慮を含めた店舗の適切な状態を保つために行われるということです。

では、実際に香港ではどうなのかと言えば、私自身が、香港のルーティン業務のレベルがどうなのかを、チェックしようとしたことが落とし穴でした。つまり、香港の飲食店全部ではありませんが、お店で働くスタッフには、そもそもルーティン業務の習慣化を行う概念そのものが存在しなかったのです。その日その時の状況で、改善していくようなスタイルといった感じでしょうか。日本とは異なり、ルーティン業務を行う帳票類などのツールもなく、一つ一つの業務を単なる作業として、こなして終わらせているという状態でした。そのため、まずはルーティン化を継続して行うというところから取り組んでいったのです。ルーティン業務の落とし込みから実行までには以下の5つの項目が重要です。

1 ルーティン業務の意味、その効果とは
2 自店舗におけるルーティン業務の種類とは
3 ルーティン業務の落とし込み（2H5W）
4 ルーティン業務の機能化
5 効果検証からの改善

これらについて、具体的に説明したものが以下のとおりです。

1 ルーティン業務の意味、その効果とは

ルーティン業務とは、日常繰り返し行われるメンテナンス、整理整頓、コスト管理、マネジメント、教育業務、販売促進などに対して、適材適所による人の役割分担を行い、それを絶えることなく適切な時期に行っていく業務のことを言います。

その効果とは、抜け目なく凡事徹底して継続的に店舗の適切な体制を維持できるということです。

そのためには、店舗の理念の浸透から始まります。店舗の理念に基づき、従業員さんは日頃働く意義を見出せなければなりません。香港に行った際に、店舗スタッフにそこのマインドスキルがなかったのも原因の一つでした。

理念の浸透こそが、根本のルーティン業務の重要性に気づかせてあげる最初の一歩と言えます。

2 自店舗におけるルーティン業務の種類とは

次にルーティン業務の種類ですが、これは業務内容によりどこまでをルーティン化するかによります。基本的にはそのお店のマインドレベル、スキルレベルが高ければ高い程、自主性が伴い、ルーティン化しなくても店舗の適切な体制は維持しやすくなるでしょう。

しかし、店舗は生ものであり、新しい従業員が入った際に、その継承ができなければ、高いレベルは維持できないでしょうし、日々のコスト管理はルーティン管理に基づき行われます。したがって、基本的には日常誰でも行うレベルの項目は一通りルーティンの項目に落とし込み、一つ一つを、数人体制でダブルチェックしながら潰していくことから始めることが、理想と言えます。

3 ルーティン業務の落とし込み（2H5W）

ルーティン業務の落とし込みですが、ここが非常に重要です。落とし込みとは、別名ブレイクダウンとも言い換えますが、ブレイクダウンとは、仕事の中で決められた項目を指示したり細分化したりして分析することを言います。

従って、この落とし込みにはＨＯＷ　ＴＯが重要となります。いわゆる落とし込み方です。この落とし込み方とは何か。これがティーチングではなくコーチングのテクニックなのです。ティーチングとは、ある知識を人に伝えたり、聞かせたりして知識を増やしてあげる方法ですが、ここで言うコーチングとは、ルーティン業務に対する効果（目標）を持たせて、それを行うためには何が足りていないか、何が必要かを一緒に質問と傾聴を交えて考えていく手法のことになります。この手法が伴って、落とし込みへと繋がることになります。

4 ルーティン業務の機能化

次に、ルーティン業務が機能するかどうかが重要です。せっかく従業員に落とし込んだルーティン業務が、実際にお店にとって、お客様にとって機能しているのかは、その後の業務負担や不効率性にも関係してくるポイントとなります。

5 効果検証からの改善

そのために、最終的にはＰＤＣＡを行い、効果検証を行う必要があるのです。その後、ルーティン業務を維持しながらも常に業務そのものの効率性を改善していくサイクルこそが、ルーティン業務だと言えます。

6 教科書だけでは繁盛店は作れない。現場を機能させるコーチング手法
（コーチング手法を知れば、10倍お店は機能する）

ここでは、店舗を機能させるコーチングについてのお話をします。これは、私がプライム・リンク管轄の京都桂五条店トレーナーをしていた時代の経験となりますが、この時の状況

についてお話をすると、店舗のスタッフの方々は、老若男女、個性も含め、マインドもモチベーションも異なる…まさに千差万別のスタッフが存在したわけです。ですから、その違いを把握することが、コーチングを行うまずは最初の準備段階でした。

その上で、この店舗にどのような立場の人間がいたかというと、アルバイト、社員、店長、また、研修を行う店舗だったので、他店からトレーニングをする研修生が、3か月に一回入れ替わり立ち代わりするような状況でした。いわば、同じ店舗内であっても信頼関係すら構築できていない人たちが、一緒になっていたわけです。

そして、そのような店舗を経営する会社の代表を含めた状況のなかで、私がコーチングのトレーナーとして加わっていたときのエピソードです。

そういった状況の中で何が必要かと言えば、結論からお伝えしますと、『人間力』ということになるのですが、いろいろな方をまとめることが非常に大変でした。とりわけ何が一番問題だったかといえば、混在した人たちの構成ですから、チームワーク力が無いということ、また目標を設定しても全員が同じ方向を向かないということ、そのため店の雰囲気は悪くなる一方でした。

第4章でお話しした通り、そうした状況をどう改善していくかがコーチングに求められます。

コーチングとは

1、相手が望む目標達成をすることですが、最初にすることは一人ひとりが望む目標を聞き出していくことで、基本は対面で行うものです。

2、その次に、その相手がどういった状態で、何を行っているのかを把握するのです。

3、それに基づき、具体的な目標設定を一人ひとりにさせます。

この3つがコーチングを始める前の条件として必要です。

そしてそれを行うことによって、少しずつ変化が見えだして成果が出てきたわけですが、実際そこで何を意識するかというと、

●「**傾聴する**」

●「**質問する**」

●「**承認して伝える**」

ことをコーチング中に行うわけです。

「**傾聴**」というのは相手の話を最後まで聞くスキル

「**質問**」というのは相手の立場に立って質問をするスキル

「**承認**」というのは質問の回答に対して尊重の念をもって承認してあげるスキル

これらのことをコーチングの最中に行います。そうしたことをしながら、絶対に最後にやらなければならないことが「フィードバック」です。フィードバックというのは、相手の行動に対して自分の意見を言葉で伝達する手段であり、

●**肯定的なメッセージを伝えるポジティブフィードバック**

●**改善を促すネガティブフィードバック**

この2つをうまく使い分けることが重要です。

また、コーチングに必要なのは「褒める」「叱る」ではなく「アドバイスをする」を相手の行動に対して行うことで、元々の性格や人格に対して行うことではないのです。

同様に、自分の意見を、非難や叱責ではなく、淡々と私的感情を入れずに行わなければなりません。また、言葉で具体的に伝えることも重要です。

つまり、コーチングの流れとは「**現状の確認**」→「**課題の明**

確化」→「目標の具体化」→「ゴールの先の欲求に付いて明確にする」ことにあるのです。言い換えれば、目標を達成することで、どんな恩恵が受けられるか（→自己成長できる、給料が上がる、貯金ができる等）を明確にすることが、コーチングの役割です。

7 店長に必要なものは「仕切り力」

フィードバック（振り返り）はスタッフの健康診断

仕切り力というのが具体的に何かというと、存在感、影響力であることを意識したことはあるでしょうか。飲食店は多くの人と関わって、さまざまなサービス、業務、気づきの中で運営されていきますから、全体を見渡して指示を出す司令塔となる人間が必要不可欠ということになります。これを仕切って回していくのが「仕切り力」であり、それが「存在感」や「影響力」に関係してくるわけです。それが店長（リーダー）に求められる素養となります。逆にいうと、そうした「仕切り力」を発揮する場面こそが腕の見せ所となるのです。

その際大きく2つの考え方を紹介します。

一つ目は、起こった問題を瞬時に解決していくための、リーダーとしての発言力や、日頃からの信頼を得ているかどうかで、仕切り力の質が変わってきます。つまり、絶対的な信頼と人望のある司令塔の役割こそが「仕切り力」となるのです。

二つ目に、優先順位を常に把握しておくことで、身近にいる従業員に瞬時に適切な指示が出せて問題解決が図れるという、スキルの高さもなければなりません。こうしてお客様の笑顔を勝ち取らなければならず、ここが頼りないと従業員の心は掴めません。

そこで重要なことは、従業員の心境というものは日々異なるものなので、型にはめたワンパターンな「仕切り力」ではなく、従業員の心境に合わせて「仕切り方」も柔軟に変えていくということです。つまり、決まったマニュアルが存在するわけではないので、常にフィードバックを怠らず、従業員一人ひとりが何を考えているかを把握することが大切です。医療で例えるなら、個々の健康状態をそれぞれ把握する、というような「仕切り方」をしてあげなければなりません。

逆にこの仕切力が無いと、従業員は頼りなさを感じて、リーダーを信頼して付いてくることがなくなっていきます。それ故に、日々変わる従業員の心境に合わせた「仕切り力」の柔軟さが求められます。そのために人を掌握し、それぞれの従業員のスキルや心境を分析して、店舗運営に生かしていくことが非常に大切です。

8 店舗のメニューと雰囲気づくりとは「五感による刺激」
（仕掛けることこそ攻めの経営）

店舗の雰囲気づくりと一言で言っても、一体何を表しているのか具体的に説明をすることは、とても難しいものです。まず、飲食店である以上、大切なものが何かと言えば「料理を美味しいと感じれる味覚」です。また、お客様がとても気持ちよく食事をすることができる空間であることも大切です。

実はこの「味覚」と雰囲気はものすごく関係の深いものであるということをご紹介します。この味覚には大きく分けて

●絶対的味覚
●相対的味覚

の2つがあります。

ここでいう絶対的味覚は、単純に「食べて美味しい」という

五感による刺激とは

美味しいと感じる味覚の違い

絶対的味覚（例）	相対的味覚（例）
▶見た目が美味しそう	▶空間の雰囲気がいい
▶美味しそうな匂いがする	▶大切な人と食事ができる
▶実際に食べて美味しい	▶とても気分がいい

これらが欠けると、美味しいと感じられない

五感で感じる種類とは

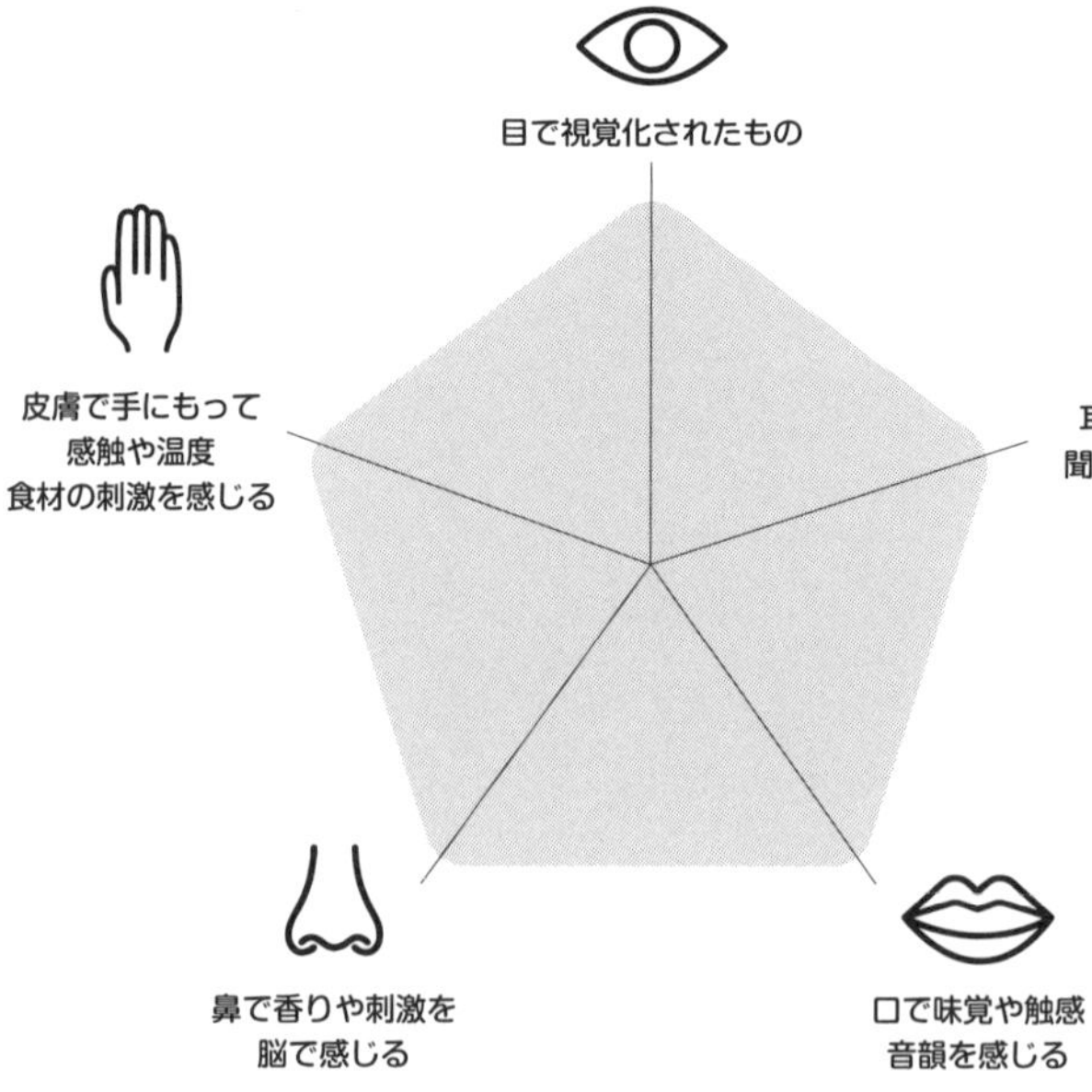

目で視覚化されたもの

耳で音を
聞き分ける

口で味覚や触感
音韻を感じる

鼻で香りや刺激を
脳で感じる

皮膚で手にもって
感触や温度
食材の刺激を感じる

状態を示すものですが、逆に相対的味覚は「料理は美味しい、しかし美味しくなくなる」という状態、あるいは「料理は美味しくない、しかし美味しく感じる」というものです。

つまり、積極的に攻めの経営を行う上で、この2つを仕掛けて、売れるメニュー作りをするわけですが、そのためには『味覚の五感』を用いた仕掛けづくりが重要となります。

味覚の五感とは、お客様に対して

●**「目で視覚化させたものを」**

●**「耳で音を聞き分け」**

●**「口で味覚や食感、温度を感じ」**

●**「鼻で香りや刺激を脳で感じる」**

●**「皮膚で手にもって感触や、温度、食材の刺激を感じる」**

ことを表します。特に目に見える視覚化されたものは、最初に情報として入ってきやすい感覚の一つで、マーケット状況、鮮度の良し悪し、メニューの提供や演出パフォーマンス、時代の新旧ノスタルジック性などから得られます。また、従業員と客の表情から伝わるインプレッション、活力みなぎる躍動感、店内外のデザイン性などさまざまな視覚が入ってくることは、仕掛ける側としては重要なポイントとなります。

これら五感で受ける刺激の演出づくりのためには、以下の4つを意識します。

①オリジナリティのあるリアリティーを持たせることです。偽物感があっては、お客様の満足度はあがりません。すなわち、他店繁盛店の全くのものまねだけでは駄目だということです。

②刺激への演出は、お客様が気づいてくれる場所、ポイントに

なければなりません。いくらお店が仕掛けても、気づかれなければそれは自己満足の世界で終わります。分かりやすく演出することも重要です。

③次に、デフォルメマネジメントも大切です。これは、お客様からすると日常ではないことが、外食を行う上での大きな対価に繋がるということになります。お店のデフォルメ化とは何かというと、日常の店内や、メニュー料理、接客トークなどを、お客様を、わくわくさせたり、入店から退店までのストーリーを感じてもらうために、誇張して表現したり、演出したりすることです。それが五感で感じられる仕掛けということになります。

④最後に連続性も重要です。これらの①から③までのポイントを来店時間の中で連続して感じられる演出ができることが、店舗の雰囲気づくりに大きな要素となります。

9 感情のセルフコントロールこそ店長の人間力（アンガーマネジメントとニコニコを心得る）

さて、店舗の雰囲気づくりにおける私の失敗談をお話ししたいと思います。

それは「とりでん鹿児島中山店立ち上げ」でのことでした。このお話は、結論から言うと、『本来サポートを行う立場の人間が考えるべき店舗づくりとは、研修、実習は厳しく、本番は自主性に任せサポートに徹するという主義であるべき』ということです。

この時も店舗オープンに向けた立ち上げにおいて、従業員が一致団結して楽しくもあり、厳しいときは厳しく、私が店舗立ち上げ時に行うカリキュラムに沿って、準備を行っており、それぞれが、強固な信頼関係を築くことができていました。

ここで少し話はそれますが、信頼関係を築くことで大切なことは、メリハリをつけることだということを先にお伝えしておきます。

これは、従業員のテンションの波を察知して、コントロールするということなのですが、どういうことかというと、仕事を続けていると、ものすごくやる気になっている時もあれば、少し気持ちが落ち込んでいる日もあるというのは、日常的に誰でもよくあることです。

ですから、研修や実習をするときも、従業員それぞれがやる気になっている時は、自分も一体となって、より気持ちを乗せてあげる、逆に落ち込んでいるときは、親身になって、相手の話を聞いてあげることで、良き理解者であることを感じてもらう、というような指導をすることが大事になります。

さらに言えば、従業員に褒める、叱るといった感情を伝えることや、冗談を言って場を和ませることも、そうした従業員一人ひとりのテンションに刺激を与えることに繋がるので、一人ひとりの状況を把握しながら、上手に店舗の運営をしていくことが望まれるのです。

話を戻しますと、「とりでん鹿児島中山店」の立ち上げも、そんな良い状態で準備が進み、オープンに至りました。しかし、私は練習、実習は楽しくも厳しく、本番は自主性とサポートという主義から外れて、オープン後も、研修中の厳しさを続けてしまったのです。本来なら、本番となったら、仮に失敗しても従業員の自主性に任せて、その失敗を私がサポートして、従業員達は自信を持って、お客様への意識に向かえるようにしないといけなかったのです。

例えば、従業員さんが「オーダーを取り間違えました」という場合も、冷静に研修で培った対処法を行い、もしクレーム状況が発生した場合は、私がサポートをし、とにかく従業員の不安要素を取り除きながら、自身を持って仕事をさせることに徹しなければなりませんでした。特にオープンから数日間は従業員も緊張していたり、オープンという特別感でテンションも上がっているので、あえて厳しさという刺激を与える必要は無く、逆に、一週間後、一ヶ月後の従業員が慣れてきてテンションが下がってきた頃に刺激を与えて、テンションを上げる位で良かったのです。

そうしたところから考えれば「とりでん鹿児島中山店」の立ち上げの失敗の要因とは、研修、実習中に築き上げた雰囲気というものを、オープン後に崩してしまったというところにあるわけです。

また、雰囲気づくりに必要なものに、セルフコントロールがあります。セルフコントロールとは、つまり、自分の感情をコントロールするということです。前項で『仕切り力』のお話をしましたが、お店の店長として必要なことは、従業員に対して「叱る」「怒る」といった店舗の雰囲気を悪くするようなことを制御したり、逆に、店長本人の感情が落ちているときでも、従業員を「褒める」ことをしなければならないことも、また、仕切り力の伴った、セルフコントロールと言えます。

しかもそれをニコニコ笑顔で行うことは、雰囲気を壊さないためのセルフコントロールとして、時には必要なことでもあります。

このセルフコントロールに関連することとして、管理者に求められるマネジメントの一つとして、アンガーマネジメントというものがあります。これは直訳すると「怒りの管理方法」というもので、怒りの感情と上手に付き合うため、1970年代にアメリカで生まれた心理教育または心理トレーニングです。

もちろん、飲食業の現場においても、従業員同士の関係、または無理難題を示すお客様もいるわけで、そうした怒りの感情が湧いてくることは人間として仕方のないことです。それを如何にコントロールするかというものが、このアンガーマネジメントです。しかし、アンガーマネジメントの本当の目的はもっと別の所に存在します。

「怒り」の感情から起こるものは、相手を怒鳴ったり、はたまた自分を責めたり、攻撃性が強まる感情と捉えられがちで、この怒りの破壊的な面だけを見ると、『怒り=良くない感情』と捉えて、抑え込まなければいけないと考えてしまいがちです。しかし、怒りにはもう一つ、建設的な面があります。

例えば、スポーツで負けたときに悔しさや自分に対する怒りをバネにして練習に励むように、怒りは『人を動かすモチベーション』としても有効活用できます。

そのため、アンガーマネジメントにおいては「怒らない」状態を目指さず、怒るべき場面では上手に怒り、怒る必要のない場面では怒らなくて済むようにトレーニングをします。怒りを区別し、自分が主体的に感情を選択できるように、一種のスキルとしてアンガーマネジメントを身に付けていくのです。

基本的に店舗の組織形態というのは、人事構成がピラミッドになっています。社長をトップとして、その次に、マネージャー、店長、一般社員、アルバイト、といった構成です。

このピラミッドの、上から下に向かうトップダウンの連携する形が上手くできていないと、社長以下、それぞれの担当者のセルフコントロールが乱れてしまいます。

なぜなら、それぞれの担当者が自分の一つ下の担当に対して段階を得て指導をしているわけですから、それができていないと、途中を飛び越えて、例えば、マネージャーが一般社員に、また社長がアルバイトに対して直接指導するといったことが起こり、そこには、コーチングでいう人を成長させるための事前準備が行えていない状況を作ってしまうからです。

また逆も然りで、アルバイトが直接社長に対して提案をするということが起こると、社長としては、それは一般社員から指導されていることではないのかとなるわけです。

一般社員も、いきなり社長から指導があるというのは非常に重たい気持ちになるのは当然です。

そうしたときのバランスを修正するのが、アンガーマネジメントであり、日常的な業務に置いてはこうした心のコントロールをすることで、日頃から信頼関係が築けており、コミュニケーションが取れている店長から指導されることによって上手く回るわけです。そうした縦の関係が上手く構成されている店舗ほど、全員のセルフコントロールができやすく、良い雰囲気が築けているものです。

この組織作りにおいても、理念の浸透や価値観の共有が必要です。もちろん、社長が直接、マネージャー以下のあらゆるスタッフに話をするということも、別の意味で良い効果があることも忘れてはいけません。

時には、これら真逆のことを、上手く使い分けていくことも重要となります。

10 出店することは誰だってできる！継続できることが成功だ！（曖昧排除・凡事徹底がすべての原点）

さて、私が20歳位のときのことです。私が幼いころに、母が喫茶店をしていたこともあってか、社会人として早く独立して飲食店舗を出そうと考えていた時期がありました。その時に、書店で「100万円で店が出せる」というタイトルの書籍を見つけました。

実はその本を執筆したのが「やきとり大吉」の当時の社長(現会長)で、まだ弱冠20歳の私ですから、具体的に何をどうして良いか分からない中で、とにかく行動あるのみということで、「自分にお店を任せて貰えれば、必ず繁盛できる自信がある」という思いを伝えるため、やきとり大吉グループの本社の社長宛に手紙を送りました。

そうしたところ、社長から直々に手紙が届き、本社に来て欲しいという連絡がありました。「これはもしかしたらチャンスを頂けるのではないか」という勝手な思い込みで、ウキウキ気分で社長に会いに行ったのです。

本社には私と同じ、店を出したいという人が5組くらい待合室にいたのですが。皆さんほとんどがご夫婦で、いかにも脱サラをして、今後の人生をかけてこの場に来ているんだという、ただならぬ空気がありました。そんな中、一人で待っていたのは私だけでした。

いよいよ私の順番になり、私は「よく来たな。店を出したいのは君か」と言われるかと思いきや、開口一番「君を呼んだのは君を説教しないといけないからだ」と言われたのです。そして、「君は出店して何がしたいのかを答えてみなさい」という質問に対して、「私はお店を経営して儲けることです。」と答えたことを今でも鮮明に覚えています。

しかし、社長の求めていた答えはそうでは無く、「その回答では君は成功しないだろう」と言われました。

このエピソードを通して、私は「では出店とは何なのか」ということを改めて考えさせられたのを覚えています。

いずれにしても、答えられなかった私は当然社長としては不合格なわけで、「出店は誰にもできる。しかし、他に待っていた人は皆40歳を超えて、脱サラして不安を抱えながらウチに来てフランチャイズの店をやろうとしているんだ。そんな人達が継続をしていこうとする強い意志を、君は分かるのか」と言いたかったのだと思います。

結局何も言えずに、30分程説教された最後に、「私が言ったことを理解してくれたなら、もう一度来ても良いよ」と言われたのです。あれからもう一度会いに行くまでには至っていませんが、だからこそ、いつか、お礼をお伝えしに行きたいという気持ちで、現在に至っています。その時の悔しさこそが私が飲食業を始め、今に至る原点となったのです。

では、継続できることが成功であるという意味が何なのかということですが、一つには店舗運営をしていくために必要なマニュアルや経験、知識等があると思います。しかし、何が一番大切かというと「曖昧排除・凡事徹底」だと私は、皆さんにお伝えしています。

なんでもないような当たり前のことを徹底的に行い、それを極めて、他人の追随を許さないということです。

飲食業務の日常でこれを落とし込むとすれば、例えば、お客様がお帰りになる際に、従業員は手を止めてお客様の方を向いて「ありがとうございます」と徹底して言えること、コスト管理であればエアコンの温度管理、店内の整理整頓など、そういった些細なことから徹底して始めるということです。ここが基本であり、決めたルールは厳守する力、それがオーナーや店長には求められるのです。それができなければ、他の従業員にも浸透することはないでしょう。

11 プロ店長 イコール コンセプトプレイヤー（4つのスキルをTPOを踏まえてバランスよく使い分ける）

プロ店長の職務とは、

1. お客様を喜ばせるためのチームづくりを行うこと。そのためのチームリーダーを育成し、徹底した実践を行うこと

2. 経営を行う以上は、お店の存続のために利益を創造して獲得すること

この2つが求められる使命となります。また、この2つを同時に実践できる人材こそ、優秀なプロ店長と言えます。

そのためには、類いまれなバランス感覚が必要です。このバランス感覚は次の4つのスキルによって分けることができます。

それが、

●「**オペレーションスキル**」

●「**マインドスキル**」

●「**ヒューマンスキル**」

●「**メンタルスキル**」

では、この4つが具体的にどういうものか説明します。

●「**オペレーションスキル**」とは、日常的にお店がお客様に対して行う接客や調理など基本的な業務の効率性、即応性などを磨くスキルを示します。

●「**マインドスキル**」は心のスキルと言われ、まさに接遇力が求められます。

●「**ヒューマンスキル**」は、その人の人間らしさであり、使命感や責任感を持ち合わせているかどうかの判断です。

店長とマネージャーのマネジメント

店長とは ＝ 2つのコンセプトプレイヤー

① お客様を喜ばせるためのチーム作りを行うために
チームリーダーを育成し徹底した実践を行うこと

② 経営を行う以上、利益を出すことを徹底する

そのためには4 つのバランス感覚が必要

- オペレーションスキル
- マインドスキル
- ヒューマンスキル
- メンタルスキル

マネージャーとは ＝ 組織全体の方向性や目標を決めて
店長をサポートしていく役割

マネジメントとは

- トップマネジメント（経営者・幹部）
- ミドルマネジメント（マネージャー）
- ローアーマネジメント（店長・リーダー）

プロマネージャーが実践する7つの法則

●「**メンタルスキル**」は、ストレス耐性や精神力、自身のセルフコントロールが上手くできるかどうかのスキルです。

これら4つのスキルをバランスよく整えることができる人材こそがプロ店長と言えます。その上で、プロ店長のことを『コンセプトマネージャー』と呼ぶことが多いのですが、店舗には必ず理念やお店の方針があり、それらをしっかりと守りきる役目を担うのがプロ店長の絶対条件です。このコンセプトをマネジメントするためには、絶対に守り切るという強い意志、つまり使命感が必要です。

これは先程の4つに分けたスキルの中で「ヒューマンスキル」と「マインドスキル」に関係するもので、第一線で戦うアルバイトをしっかり教育し、お客様に喜んでいただくためにチームプレイができるということです。そのためには、お店のコンセプトや理念を、お店のチーム全体に落とし込み、4つのスキルを用いながら実践していくことが、コンセプトマネージャーの役割です。

つまり、この4つのスキルをバランスよく守り切ることが、お店だけでなく、スタッフを守っているという使命感にも繋がります。これらを備え、実践できることこそ、プロ店長＝コンセプトマネージャーと言われる所以です。

12 店舗を仕切るマネージャーの役割（組織形成と責任とは）

マネージャーとは

マネージャー（manager）は、マネジメントを実行したり、その場を仕切る人のことです。

マネジメントとは「経営」や「管理」「運営」という意味があり、マネジメントを行う責任のあるマネージャーは、組織を統率して部下の管理・教育に至るまでPDCAを行いながら組織を仕切り、成果を出す責任が求められるポジションだということです。

●リーダーとマネージャーの違いとは

マネージャーとリーダーとは、どちらもその場を取り仕切る意味では同じだと思いがちですが、マネージャーは、組織をまとめ導いていくというポジションです。

リーダーとは、具体的な方向性を決めてプレイヤーとして自らが先頭に立ち、率先垂範して他のメンバーを進むべき方向へと導きます。

一方、マネージャーは組織全体の方向性や目標を決めて、メンバー一人ひとりのパフォーマンスが最大限発揮できるようにサポートし、評価・フィードバックをします。

つまり、現場でメンバーと一緒になって具体的な方向に向かって進んでいく店長がリーダーであり、組織の目標を決めて、サポートしていく社長や幹部がマネージャーにあたります。

●マネジメントの基礎知識

マネジメントは、組織体制において、権限や役割をもとに3つのグループに分けられます。

・トップマネジメント

・ミドルマネジメント

・ローアーマネジメント

となり、上層になればなるほどマネジメント能力に加えて、リーダーシップ力も必要になります。これらを具体的に解説していきます。

これら3種類をそれぞれ分類すると

[**階層**]：トップマネジメント

[**対象**]：経営者・幹部

［役割］：組織全体の経営計画の立案や事業戦略を検討・修正する

［階層］：ミドルマネジメント

［対象］：管理者層・マネージャー

［役割］：トップマネジメントとローアーマネジメントの橋渡しをする

［階層］：ローアーマネジメント

［対象］：店長・アルバイトリーダー

［役割］：現場をまとめ、上層部の方針を現場に浸透させる

　トップマネジメントとは、経営に直結する意思決定や最終的な責任を担います。組織全体の経営計画や戦略を検討することで方向性を決めていきます。

　ミドルマネジメントとは、経営者をサポートし、経営者が決定した戦略や方向性を下の層へとしっかりと落とし込みます。また末端のアルバイトまでの、現場の意見を把握し、経営者まで橋渡しをすることも必要ですし、生産性を考えた指揮を直接行うこともあります。

　ローアーマネジメントとは、経営者層や管理者層が示す組織の戦略や方向性について責任をもって現場で直接指導をします。現場を仕切り、細部まで組織の経営が正しい方向に進むように上層部の決定事項をぬかりなく落とし込み、上層部への報連相も怠ってはいけません。

●業務別マネジメントの紹介

　ここで、私の教わった、マネジメントの手法を紹介しておきます。その手法とは「組織」「人材」「メンタルヘルス」の三つを、それぞれさらに三つに細分類されるところから始まります。必要に応じて使い分けるようにしてみましょう。

〈組織〉

・チームマネジメント

メンバーの理解・育成による生産性持続性の向上

・プロジェクトマネジメント

計画立案からＰＤＣＡを行いながら、進捗管理・人員人材管理

・ナレッジマネジメント

情報・スキル・ノウハウ・知識を組織で構築し共有

〈人材〉

・タレントマネジメント

能力やスキル・個性に合った人事の配置・育成・把握

・モチベーションマネジメント

フィードバック・コミュニケーション動機付けでモチベーションを向上・持続

・パフォーマンスマネジメント

目標達成のために最適なフィードバック・ツールの活用

〈メンタルヘルス〉

・メンタルヘルスマネジメント

メンタル面に配慮し早期発見によりセルフケアも指導する

・ストレスマネジメント

ストレスをセルフコントロールし心身ともに健康維持をはかる

・アンガーマネジメント

「怒り」の仕組み・種類・タイプを知りコントロールする

13 マネージャーのミッション・役割（プロマネージャーが実践する7つの手法）

1 会社の理念・経営方針を、徹底して浸透させる

マネージャーは経営方針や目標を、部下に落とし込むことが必要です。どうしても、トップからアルバイトまでの落とし込みには、完全ではない抜けができます。１００％の落とし込みが、末端には70％といったレベルに低下してしまいます。個々が、落とし込まれたことに使命感を持たず、バラバラな方向を向いていては、組織としての成果を最大化できません。

そのために、マネージャーはトップマネージャーから提示された方針や理念を、部下が理解しやすく分かりやすい言葉に直し、行動に繋がるように浸透させる必要があります。

また、チームやメンバー一人ひとりの目標設定をして、ゴールを明確にすることで、チームに団結力や一体感が生まれます。

これは従業員接遇でも説明した通り、メンバーが同じ方向を向いて、相手を思う気持ちを浸透させる意義を目標として捉えることと同じ効果があります。

2 戦略を策定してPDCAする

企業は経営方針・理念に基づき、目標や構想などのビジョンの実現に向けて、使命感をもって遂行していける職場が必要です。

そのため、マネージャーの役割として、あらゆる問題を割り出し、具体的な戦略を定め、戦略を策定した後は具体的な戦術に落とし込み、ＰＤＣＡからの改善を繰り返し行い、常に戦略や戦術を見直します。

3 問題を解決して、成果を出す

マネージャーは、目標からくるタスクを日々の業務に落とし込み、業績目標を達成することが求められます。

業績目標を達成するために現状をＰＤＣＡし、業績目標とのギャップを確認します。問題に対して、現状の問題を改善し目標を達成するための戦略を練り、具体的な業務計画を策定し、成果を出します。

4 チーム力を底上げする

お互いが全体ＭＴＧで、意見を出しあえるチームを作ることも大切な役割です。

人は相互に刺激を受け合って成長し、相乗効果を生み出します。そこで出てくるのが、スタッフノートやお客様のご意見が反映されたアンケートになります。そのツールを使用して、マネージャーは自身の限界を認めてメンバーの力を借りるというスタンスを取ったり、自分の意見を投げかけ考えてもらうことで、メンバー同士が率直に意見を言い合える風土を作り出します。

また、オープン時や新人研修から本番を迎える段階などでは、メンバーが全力を出した上で失敗した場合は許容し、失敗から学ぶ姿勢をチームで体験させます。

そうすると、メンバー一人ひとりが経営参加意識や店舗に対する愛着心、貢献意識、責任感を持ち、安心して仕事に全力を尽くし、チーム全体で高めあえる環境が生まれます。

5 部下を育成する

組織運営を円滑に行うには、管理職の管理能力だけではなく、育成する部下の状況を把握することは重要な要素です。

そのために必要な部下とのコミュニケーションを図るには、単に業務の進捗だけを確認するのではなく、フィードバックすることにより、個々で、得意不得意が何か、どのような経験を積ませる指導が必要か、経営参加意識のマインドはどのレベルかを把握することです。

そして、そのコミュニケーションを円滑に行える状況でコーチングに基づき育成を行うのです。

6 部下を正当に評価する

他にも、社員やアルバイト、それぞれの人事評価を行うことも重要です。そのためには、マネージャーに、従業員の現状を把握し、評価する役割も求められます。

また、数字では表せない貢献度や、部下の心情を把握するためにも、直接話し合うための面談や日々のフィードバックの機会を用意することも重要です。

マネージャーは会社側の目標や思いを部下に伝え、公平に詳価し、率直に話し合うことでお互いの信頼関係は高まります。またその状況をトップマネージャーに報告することも忘れてはなりません。

7 リスクを迅速に、適切に処理する

マネージャーは、チームの活動、日々起こる問題に責任を取る立場にあり、部下の業務遂行にどんなリスクがあるか、また、リスクを未然に防ぐためにどのようにチームをマネジメントするかを考える必要があります。それが、リスクマネジメントをするということになります。

第5章のまとめ

1時間だけで要点を学ぶポイント!

- マネジメントの手法は「組織」「人材」「メンタルヘルス」の3つに分類される
- チームワークを作りには絶対的雰囲気（ハード面）と相対的雰囲気（ソフト面）の双方を完成させる必要がある
- スタッフ全員に店舗理念の浸透、価値観の共有をさせることが繁盛店づくりには欠かせない
- アナログツールこそ繁盛店を作る
- PDCAサイクルを用いて自店舗の付加価値を明確にすることが必要
- コスト管理とルーティン業務こそ繁盛店の絶対条件
- 現場を機能させるにはコーチング技術が不可欠
- フィードバック（振り返り）でスタッフの状態を常に把握することが店長の仕事
- 五感を刺激する攻めの経営を積極的に行う
- 店長に感情のコントロールは欠かせない
- 目的は出店ではなく、安定的継続が店舗運営の目的
- プロ店長とは4つのスキルについてTPOを踏まえてバランスをとれる人材
- リーダーとマネージャーの違いとは
- マネジメントは組織の役割により大きく「階層」「対象」「役割」の3つに区別できる
- マネジメントの手法は「トップマネジメント」「ミドルマネジメント」「ローアーマネジメント」の3つに分類される
- プロマネージャーが実践する7つの手法

［第6章］

行列のできる繁盛店への第一歩

これからの飲食店経営の力になる哲学

1 新規顧客かリピーターか（お客様の成長の仕組み）

ごくごく当たり前の話ですが、「新規顧客を集めながら、リピーターを育成する」ことが重要になるのですが、では、どちらを優先していくべきなのでしょうか。基本的にはリピーター育成を優先するのが効率的と言えます。なぜなら、リピーター客とは、そのお店に対しての高評価をすでに持っているので、口コミでも広げてくれるリピート客を育てるということが重要となるわけです。

とはいえ、どんな熱烈なリピーターであっても最初は新規のお客様です。ですから、優良なリピート顧客を増やすためには、新規顧客の集客は必要不可欠です。そのためには、お店の名前、メニュー、コンセプトを知ってもらうことがポイントです。

広告宣伝の方法としては、折込チラシやポスティングなどが一般的な手法ですが、ネットを活用することでコストを抑えることが可能になります。代表的なものがSNSや動画サイトを利用することで、お店のコンセプトやメニューを紹介すれば、爆発的に拡散される可能性もあります。

また、新規集客は広告宣伝ばかりにとらわれる必要はなく、例えば、リピーターの方に、新規顧客を紹介してもらうのも効果的な方法です。ご紹介割引のようにリピーターと紹介された新規客の両方に特典があるなどの仕組み作りをすれば、効果的に新規集客ができるでしょう。

2 おもてなしとサービスに力を（サービスの原点を知る）

今までもお話したことですが、「おもてなし」と「サービス」とは具体的にどういうものなのかをここで改めて考えてみましょう。「おもてなし」において、もてなす側（お店）ともてなされる側（お客様）の関係は基本的に対等です。「おもてなし」とは、見返りを求めないものです。

ですが、サービスを提供するうえで、無償のサービスはありえません。しかし、無償でないものを、お客様に心から喜んでいただけるとも限りません。

マニュアル通りにサービスを提供することで、クレームはなかったとしても、事務的で冷たい印象をお客様に与えることもあります。お客様からの喜びと満足をいただくことを考えてサービスするためには「サービス精神」に加えて、「おもてなしの精神」を加えることで、サービスの品質は格段に上がり、お客様に喜びと満足を与えることになります。

例えば、店内を歩いてお客様のテーブル状況や何か異常がないか見て回ることを「ラウンドする」と言いますが、この「ラウンド」一つとっても、ただ見て回るだけであれば、それは単なる作業です。そこに「おもてなしの精神」を加えるのであれば、お客様にその想いを伝えなければなりません。

つまり、ただ歩いたり目配りするのではなく、お伺いをしてお客様にスタッフの行動や想いを伝えることなのです。例えば、ラウンドしている際、お客様の横を歩くだけでなく、テーブルに行き、

「お話中のところ失礼いたします」という言葉から始まり、下げもの、追加オーダーをお伺いすることで、お客様に気遣ってもらっていることを感じてもらい、おもてなしをされているという満足感を得てもらうことです。

このようにお店側の作業でなく、お客様に「おもてなしの精神」を伝えたり、気づいたりしていただくことに本来の目的があります。

まとめますと、その場その状況に合わせ、お客様に対して親切な言葉遣いや対応を与えることによって、「人と人とのふれあい」が生まれるのです。

3 本物のオリジナリティを継続する（競合他店との差別化）

店舗を繁盛店にするためには、新規顧客を集客しながらも、そうしたお客様をリピーターに育てて行くことが重要であることは、何度もお話したことです。そのために必要なのは、お客様を喜ばせ、満足いただくために、料理と同時に、接客や接遇を行う必要があります。とは言っても、どんなにお客様を満足させても、どこに行っても同じものであったら、お客様はいずれ離れていってしまいます。大切なことは、どんな条件であっても、「あの店だから行かねばならない」という明確な理由をお客様に持たせることが重要です。

そのためには、まず店舗展開やサービスが、ターゲットとなる顧客層にマッチしているかを考える必要がありますし、それらの魅力をさらに高める「付加価値」があればより強みになります。逆にいくらニーズにマッチしていても、競合する他店と似たようなデザインやコンセプトを設定してしまっては、オリジナリティを出すことが難しくなります。

競合他店とは明確に異なる点を顧客に示すことが大切です。オリジナリティはメニューだけに限ったことではありません。サービスの提供スタイルや接客など、運営に独自性があれば、それも一つのオリジナリティとして通用させていくことができるでしょう。

店舗のオリジナリティを出すことは、店舗のブランド価値を明確にするだけでなく、売上向上やコストの削減などにも役立つマーケティングの一つと言えるでしょう。だからこそ、まずは、店舗の持つ「強み」は何か、魅力としてアピールできる点はどこかを明確にしていくことが重要です。そして、独自の強みを的確にお客様に認知させる手段を取ることで、新規顧客獲得だけでなく、オリジナリティを理解した売上を長期的に支えてくれるロイヤルリピーターの獲得にも繋がっていくのです。

4 開業時におけるロールプレイングの手法（研修の段階ごとにストーリーを作る）

そもそも飲食店運営が接客業であることは当然のことですが、それは店長以下スタッフがバラバラなことをやっていては全く意味がありません。時には、安定して、均一のサービスを提供できるようにしなければなりませんし、時には個性を磨くことで相乗効果が生まれることもあります。これらを、開業するまでにその店で働く全員が、理解して、身につけられるトレーニングが必要です。そのためのトレーニングとして行われるのがロールプレイングです。

ロールプレイングとは研修手法の一つであり、役割練習とも呼ばれるもので、現場での役割を想定し、参加者にそれぞれの役割りを演じさせ、技能を身につけさせ、そこで起きる問題点や課題点に対する解決方法を考えさせる技法です。

例えば、開業前の18日前からロールプレイングを行っていくとすると、最初は、スタッフ同士も初対面なので、アイスブレイキング、つまり、緊張をときほぐすため、集まった人を和ませ、コミュニケーションを取りやすい雰囲気を作るところから始めます。

そして、オープンまでの目標達成のために積極的に関わってもらえるよう、モチベーションを上げながら、ロールプレイングを進めていきます。具体的に説明しましょう。

研修の初日は、まだ問題や課題といった壁にぶつかっていないので、まずは明るく元気に頑張ってもらうことだけを考え、次のステップで、現実とのギャップを見せるところから始めます。

ある程度、仕事に慣れがでると、気持ちが緩んできますので、それを引き締めるために、ロールプレイング中に、スタッフ

アクティブ・モダンの研修風景

経営座学風景

ロープレ研修風景

キッチン研修風景

アルバイトミーティング風景

店舗ミーティング風景

ホール研修風景

オープン研修風景

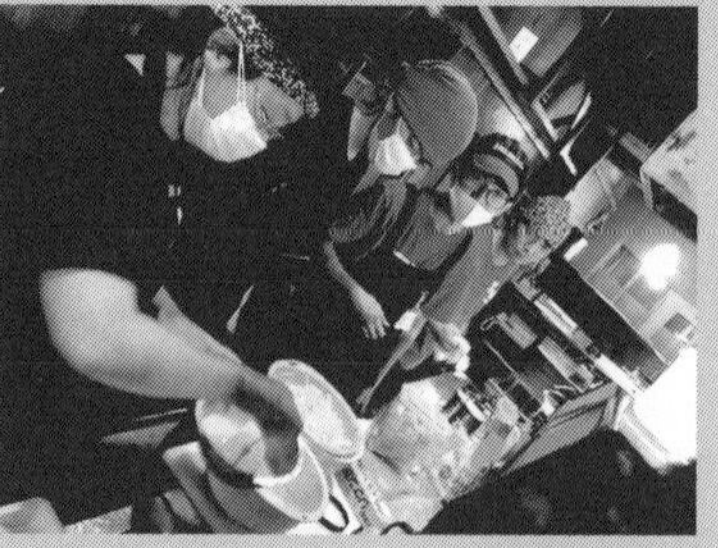
調理研修風景

が想像もできないクレームをつけてみたり、気の緩みに気合いを入れたりします。そうすることで、スタッフに自分自身が対応できないことに悔しい思いを感じてもらい現実とのギャップを知ってもらうわけです。

そうして様々な経験を積むなかでスタッフ自身に成長を実感させてあげることによって、再びモチベーションを上げてあげるのです。ここでは具体的に実際の業務での足りないことを考えさせます。例えば、お客様のクレームに対してどの様に対応していったら良いかということを実際に体験させるといったことです。

ここまで来るとだいぶ仕上がってくるので、今まで行ってきたことを再度レビューさせることによって、スタッフそれぞれの業務遂行レベルがどの位置にあるのかを実感させます。

また、これをするときに大切なことは、スタッフ主導で考えさせ、一体感を作っていくことです。

そして最後に、開業に向けての結束と信頼を最高潮に上げ、開業に望んでいくという雰囲気を作って本番を迎えるのです。

5 QSCからQSCMと五方よしの時代へ（マインドと二方の追加）

ご存知かと思いますが、飲食業にかぎらず、お客様に商品・サービスを提供する事業においては、QSCは大変に大切なポイントです。私はこのQSCにさらにMを加えることをお勧めします。

それは何かというとQ：クオリティー（品質）、S：サービス（サービス）、C：クリンリネス（雰囲気や清潔さ）M：マインド（意識）のことです。従来の、提供する商品の品質、接客、店舗

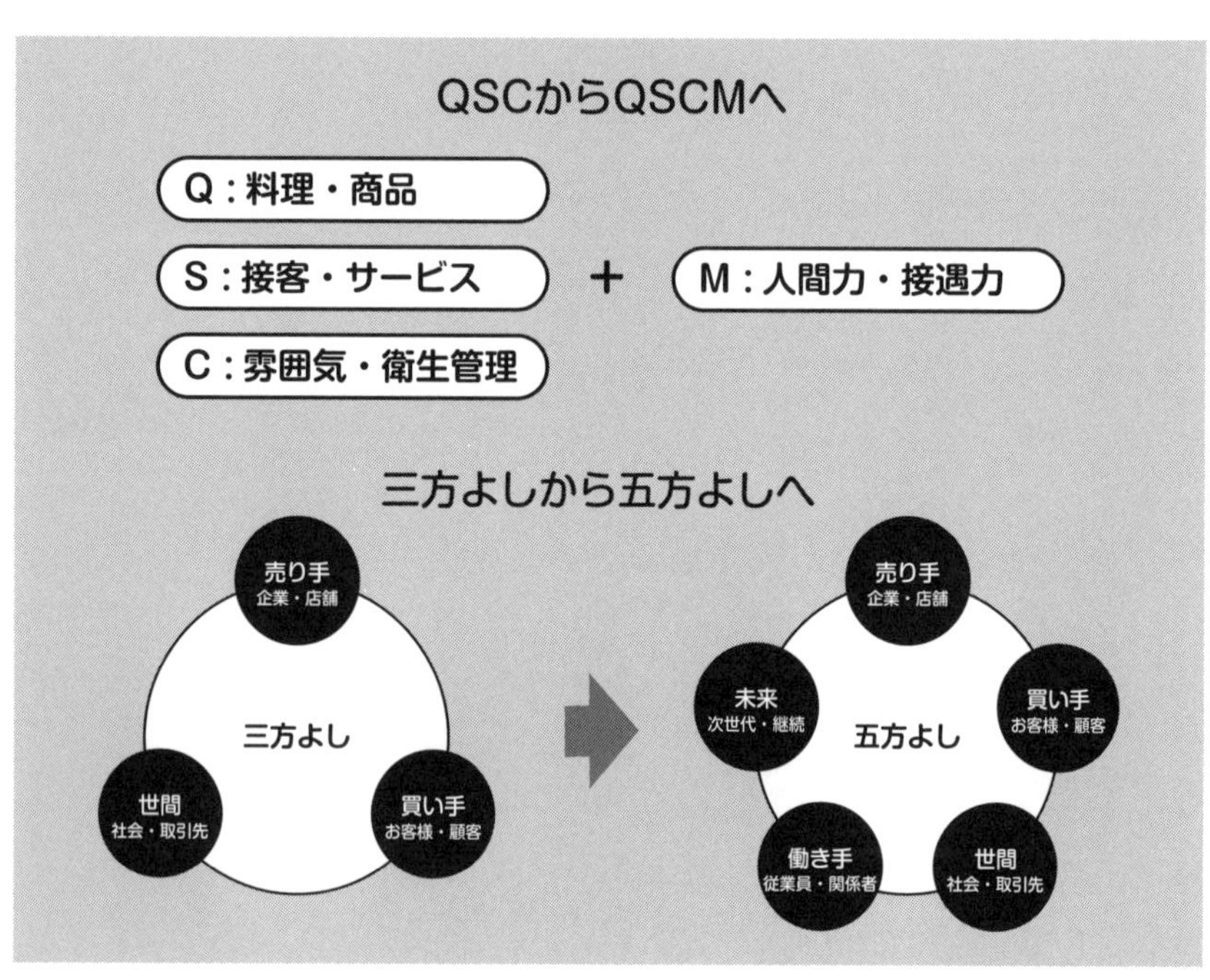

の雰囲気や清潔さに加えて、そこにマインドがあるからこそのホスピタリティーや接遇力がプラスされるようになります。つまり、このQSCMがあってこそ店舗としての発展が望めます。

また、「五方よし」ということも店舗には必要であると考えます。元々は、近江商人の経営哲学を表している言葉で、「売り手よし、買い手よし、世間よし」という「三方よし」を示しているものです。売り手だけが利益を得ればよいということではなく、買い手側にとっても、さらには、世間にとっても望ましい状態を追求する考え方ですが、ここに「働き手」が加わって「四方よし」という言葉に変化しました。

しかし、店舗として発展させていくには、「未来」を考えて経営をしていかねばなりませんので「売り手よし、買い手よし、世間よし、働き手よし、未来よし」の「五方よし」という考え方を取り入れていくことが大切なのだと考えております。

6 人手不足の原因を解消する店舗が勝つ（現状と背景から原因と解決策まで）

1 現状と背景

２０２０年に新型コロナウイルスが世界的に蔓延して、日本でもさまざまな行動制限がとられました。なかでも飲食店においては、営業時間、提供商品制限、人数制限などで、売上が大きく落ち込み、社会的にも大きな影響を受けてきた職種といえます。

そのような中で、飲食店がまず行ってきた対応策は、従業員のシフトを減らすことでした。しかし、逆にシフトを減らされた従業員は、新しい仕事を探すために、どんどん飲食業界から流出していきます。もちろん、お店側も、国からの助成金などを申請してなんとか喰い止めようとする店舗もありましたが、従業員全員となるとなかなか難しい問題もあったのではないでしょうか。

このように、一度流れた人材がまた戻ってくるかと言えば、全員がそうではないことも、現在の人材不足が起こっている要因の一つだと言えます。

また、飲食店における課題として以前から言われてきたのは、長時間労働や、報酬の低さ、覚える業務内容が多く、その負担から離職率も高くなっています。

2 原因と解決策

では、具体的な人材不足に陥る原因について4つが考えられます。

①負担が大きい

昔から言われているのは、３Ｋ（きつい、汚い、危険）においいて、汚い、危険における職場環境は、現代社会においては、随分と解決されており、むしろ快適に職務をこなせるお店も少なくありません。ですが、「きつい」における、従業員にかかる負担が依然として続いているお店は多く、例えば、

●休みが不規則で、なかなか計画的な生活が送れない
●深夜営業など、家族との生活時間のずれ
●仕込み、発注作業、シフト管理など営業後の付帯業務が多い
●人材不足により、管理職に求められる仕事量が多い
●立ち仕事で、持病などがある人には負担が大きい
●長時間労働を強いられる状況がある

などがあげられます。これらは、人材不足に陥る大きな要因と言えます。

［解決策］

●業務内容の見直し、日々のルーティン業務に無駄がないかチェックする
●レジ締めや精算業務においてPOSレジなどの導入による簡易化や、売上・顧客分析によるより良いサービスや商品の提供や労働力の効率化
●会計業務におけるセルフレジの導入・キャッシュレス決済の導入
●オペレーション業務の効率化におけるセルフオーダーシステムの導入
●勤怠管理・シフト作成などや、給与計算までを連動して行える管理アプリの導入
●食材の発注・納品のペーパーレス化や、システムによる経費入力の簡易化
●上記項目をサポートしてもらえる企業などへの相談

②報酬や待遇が悪い、評価制度がない、モチベーションがあがらない

だいぶ改善はされてきましたが、飲食店の報酬は昔から安い傾向にあり、その代わりに、調理技術、経営ノウハウを学べることが対価という風潮があったのは事実です。

確かに、店舗によっては、それ相応に自店で学べる要素があったのかもしれませんが、今の現代社会では、学べる手段はさまざまに存在します。

そういった意味では、今の従業員が職場に求めることとは、評価制度が整っていることによって責任者への道を適正に評価してもらえる仕組みがあったり、店舗の利益に対する従業員の頑張りを報酬として還元する仕組みが整っていたりすることのほうが、職場に留まる率も高くなる傾向にあります。

また、これらのことは、日々努める従業員のモチベーションにも大きく関連してきます。このモチベーションは、大きく2つに分類できます。

- **日常の業務内容における職場モチベーション（評価制度・報酬の還元）**
- **自身の目標や夢に向かって前進できていると感じられる、職種モチベーション（研修・セミナーなどでスキルアップ）**

このようなモチベーションも含めての職場環境が整っていないとしたら、しっかりと評価してもらえるお店や企業へ転職しようと思うことも、人材不足に陥る要因です。

［解決策］

- **今の給与は、業務量・質に見合っているのかどうか**
- **評価制度からマニュアル化し、目指すべき目標や役職を明確にする**
- **成果報酬制度の仕組みを作る（頑張った分の利益から還元**

される仕組みを明確にする）

●福利厚生を充実させる

●定期的に研修・セミナーを社内外で開催して、従業員のモチベーションアップに努める

③職場環境と人間関係

いわゆる離職率の話をする際に、職場環境と良好な人間関係が、大きな解決策としての要因に上がります。これこそ現場を知らない経営者やコンサルなる事業者が見落としがちな要素でもありますが、お店の雰囲気が悪い職場環境の店舗や、人間関係が悪い店舗は、優秀な人材がどんどん離れていきます。

一つ例にあげましょう。

あるA店では、従業員さんへの給与もそれほど高くないし、毎日盛況で仕事量も多いのですが、従業員さんが、いきいきと長年務めています。

何故、前項目で述べてきたような、人材不足となる要因（負担が大きい、待遇が悪い）があるにもかかわらず、このような低い待遇や多い負担の中でも何年も続けることができるのでしょうか。

私の経験から言うと、このような店舗には、

「スキルとは別に、絶対的な人望の厚いリーダー（経営者や責任者）が存在します」

これは①適材適所で作ろうと思ってできることと、②運よく巡り合わせで、そのような店舗になる場合とに分かれはしますが、このような店舗の雰囲気、人間関係は、求められる職場環境において、かなり高いレベルにあります。

先にも述べましたが、お客様へ、無償のサービスを提供す

るすばらしさを教育して共有していくには、「接遇」と「接客」の違いを理解しないといけないことをお伝えしてきました。

この接遇が出せる環境を作るためには、まず従業員同士の「友愛」がなくてはなりません。この環境を作るためには、絶対的な「友愛を備えたリーダー」が必要となるのです。このことによって、人間関係が良好に保たれ、あらゆるトラブルが起こった際にも、全員で解決していこう、リーダーを支えていこうという風土が生まれるのです。

また、そのような環境下であれば、しっかりとした教育システムが整っていることによる効果はより効力を発揮します。

これらの環境下では、転職しようとはなかなか考えにくいものですから、職場環境と人間関係も、人材不足に陥る要因の一つと考えられます。

［解決策］

●信頼される人望の厚いリーダーを置く

●定期的に個々で、フィードバックする

●普段から、お店の様子や、スタッフ同士のやり取りを経営者自ら観察する

●スタッフの教育制度を作り、時給考課を取り入れる

●マニュアルを用意することで、新人、既存スタッフが混乱することなく、協力し合って学ぶことができる

④店内・対面サービスにおけるストレス

これは率直に言ってしまうと、働く環境に対するる

●適合性（心から楽しいと思えるホスピタリティー精神がある）

●順応性（トラブルを解決し、マニュアルの吸収・相手心理を考えた行動ができる）

●ストレス耐性（困難により疲弊する肉体や精神を前向きに

コントロールできる）などが個人の性格・性質・経験値によって異なるので、その点も日々のフィードバックにおいて、見極めたり、コミュニケーションをとって、個々でのケアをしていくことが継続して働けるポイントとなります。

しかし、それ以外にも、飲食店ではクレームが起こることもあります。

このクレームが、お店側・本人に非があれば、素直に受け入れて対応していけるのですが、その過程で発生する、脅迫、暴言、不当な要求などの、お客様による「カスタマーハラスメント」などは昨今大きな問題となってきています。また、お店に非がないのに、トラブルとなるような「クレーマー」も存在します。

このようなことから、適合性、順応性、ストレス耐性による

個々の性質の違いとは別に、店内・対面サービスにおける、従業員のストレスによる疲弊が原因で、離職してしまうことも人材不足に陥る要因の一つと考えられます。

［解決策］

- **スタッフの日々の心理状況を把握するためにも、個々でのフィードバックを行う時間を常に持つ（必ず1対1で行うことが原則）** ※第4章コーチング項目参照
- **定期的に店舗以外の上司（経営者など）と面談を行い、普段、言えないような本人の希望や、相談を聞いてあげる機会を持つ**
- **クレームにおけるマニュアルを整え、いかなる状況でも対処できるようにする**
- **自ら相談しづらいスタッフも中にはいるので、スタッフルームに相談BOXなどを置いて、匿名でも気兼ねなく相談で**

きる体制を作る

●職場環境を、助け合えたり、相談し合える風土にし、雰囲気のある店舗づくりを積極的に行っていく ※第5章 1項参照

7 これからの時代に備える「インバウンド対策」こそ成功のカギ

（4つの対策が、ビジネスチャンスと差別化を生む）

インバウンド対策は、これからの時代になぜ必要なのでしょうか。まず、「インバウンド」という言葉そのものについて少し説明しておきましょう。日本におけるインバウンドとは、「訪日外国人旅行」という意味があります。

その上で、インバウンド対策とは、外国からの観光客はもちろん、ビジネスマンなど、日本を訪れる外国人を増やし、ただ増やすだけではなく次回の来訪に繋げるまでを考えた施策と言えます。

これは、とくにアフターコロナを迎えたこれからの日本社会における、売り上げを獲得するための重要な一つの施策となります。これから顧客に成り得るのは、日本人だけではありません。これからの外国人の往来の時代に順応した、多くの外国人新規顧客の獲得、日本にいる外国人にまでも目を向けて売上アップや、ビジネスチャンスに繋げていく必要があります。

その上で、飲食店がインバウンド対策を行う理由として、以下の6項目があげられます。

①アフターコロナでインバウンド客の増加が見込める

もともと、コロナパンデミック前に日本政府は二〇三〇年までにインバウンド客を六〇〇〇万人まで増やすことを目標にしていました。この目標はコロナウイルスの蔓延で停滞したものの、引き続き維持するとしています。また、アフターコロナによる、制限も解除され、本来の活気も取り戻しつつあります。

飲食店もこの波に乗るためにも事前の準備をしなければなりません。

②人口減少に伴い、国内のマーケットから新たに新規開拓する必要がある

国内のマーケットには限界があります。それは、人口減少、アルコール需要の低下、外食から内食需要の増加などがあげられます。

国内のマーケットに縛られず、インバウンド需要にもターゲットを広げることは、新しい集客のチャンスに繋がります。

③インバウンド客は団体で来店する傾向があり、日本社会ではアフターコロナにより控えめな、宴会需要の新規獲得に繋がる

インバウンド客は、個々での来客ももちろんありますが、特に近隣アジア諸国からは、頻繁に大型観光客船が日本の港を訪れ、停泊する地域では、一気に団体集客が見込まれます。そういった、大人数に対する集客が見込めるのもインバウンドのメリットです。

④SNSなどの宣伝ツールを利用すると、容易に世界中へ口コミなどを拡散できる

自店の売りや、食事の写真、感想などをSNSや口コミサイトに投稿することで、世界に発信することができます。そこから更に、口コミを拡散してもらえることで、インバウンド客は、あなたのお店に来店することを目的の一つとして選んでくれやすくなります。

⑤インバウンド対策に力を入れていない店舗との差別化が可能

これから外国人観光客の増加が見込まれるため、その準備を今のうちに進めておきましょう。特に多言語対応のツールの整備をしましょう。これらはすぐにしようと思っても、何カ月もかかるものもあり、今から進めておくことで、他店との差別化にもなります。

⑥インバウンド対策を行うことで、これまで不十分だった在日外国人への対応も可能になる

インバウンドは先にも述べた通り、訪日外国人旅行という意味ですが、必ずしも日本を訪れる外国人だけが対象ではありません。既に日本で暮らす在日外国人は、時代の流れと共に増え続けています。インバウンド対策で外国人が利用しやすい飲食店を作っていくことは、今まで疎かになっていた、そのような在日外国人へのサービス向上にも繋がり、さらなる顧客の増加に結びつきます。

インバウンド対策のための具体的4つの施策

①集客力アップのための施策を整える

●多言語化に対応したwebサイトやSNSでの発信

●多言語対応の予約獲得ができる環境整備

●外からも、外国人観光客が入りやすいよう、情報を発信する

●外国人が来店のきっかけとしてよく見る情報サイトに掲載したり、口コミを書いてもらう

集客力アップには、お店側がお客様を迎え入れるための工夫を凝らした発信が必要です。積極的に魅力をどんどん発信していきましょう。

②店内環境を整備する

●外国語に対応したメニューや看板を設置

●Wi-Fiを設置して、外国人が繋がるネット環境を整える

●モバイルオーダーシステムの導入により、日本語が話せなくてもオーダーできる仕組み

●日本の通貨でなくても決済できる手段を用意する

インバウンド客がスムーズにお店を利用できる仕組みを整えることも対策の一つです。

③日本ならではのサービスを用意する

●日本の飲食店におけるサービス力とは「おもてなし」が原点だということ

●日本の伝統や食文化を楽しんでもらえる商品を取り揃える

●日本ならではの食べ方、パフォーマンスを体験してもらう

せっかく日本に来たのであれば、日本ならではの体験をすることが、高い評価を得る重要な要素となります。自店の売りと併せて準備していきましょう。

④インバウンド客の人種、特徴、文化の違いなどを理解する

●多種多様なインバウンド客に対する知識・対応について研修する

●自治体が勧めるパンフレットや、訪れる外国人向けマニュアルを用意する

インバウンド客といっても、国によって、いろいろな人種が訪れます。これらの多種多様な特徴や文化の違いに対応できる店づくりを進めていきましょう。

インバウンド対策をより活用するためのポイント

●インバウンド客の中でも、強化すべきターゲット層を明確にすることが必要

なぜなら、訪日した外国人は、国も違えば、目的も異なります。また、飲食店に何を期待するのかも人によってさまざまです。ターゲットを設定して、お客様のニーズに応えるような対策が重要なポイントとなります。

●外国人のニーズが何かを理解した商品を用意する

ニーズや魅力が何かを理解するためには、まず自店の売りが、外国人の求めるものと一致しているのかを検証する必要があります。自分たちにとって魅力がないと感じるものでも逆に外国人にとっては、楽しんだり感動したりするものもあったりします。

インバウンド客の投稿するSNSや動画などから、ヒントを得ることも大切です。

●発信するコンテンツを決める

自店の魅力を伝えるためのツールや商品、サービスの準備ができたら、今度はそれをどう発信するかです。先にも述べたように、SNSの活用、各種WEBサイトへの掲載などが効果的です。

より多くのインバウンド客が理解できるように、写真掲載や多言語で表記するなどして魅力を発信しましょう。

ただし、SNSとは言っても、その国によって活用されているSNSは違います。また、SNSの種類によって、使われ方の用途が違ったりもします。上手く使い分けて、インバウンド対策に活用していきましょう。

インバウンド対策と並行して、デメリットにも注意する

これまで述べてきたインバウンド対策は、これからの時代に必要不可欠な要素ですが、メリットばかりではありません。デメリットに対しては以下の3点に注意する必要があります。

①これまでお店を気に入っていただいていた常連客が、店舗

に入れなくなったり、サービスの低下、お店の雰囲気が変わったなどで、せっかく新規開拓ができたとしても既存客を減らしてしまっては、元も子もありません。インバウンド客に対する対策と並行して、既存客への配慮も重要です。

②インバウンド対策には、モバイルオーダーシステムの導入や、ホームページ制作、掲載費用など時間や費用がかかることも念頭に置いておかないといけません。

③インバウンド客からのクレームに対する対処も従業員で理解しておかないといけません。日本ではあたりまえと思っていたルールが、外国人客にとっては大きなトラブルになりかねないこともあります。事前に周知していただく説明文や、表記を準備しておきましょう。

第6章のまとめ　1時間だけで要点を学ぶポイント！

- 新規顧客開拓とリピーター育成を同時に行うことが大切
- 力を入れるべきはおもてなしとサービス
- オリジナリティの継続こそ安定経営の秘訣
- 開業前に最も必要なのがロールプレイングによるスタッフの訓練
- QSCMと五方よしがこれからの時代には必要
- 人手不足の現状と背景を知ることが解決への道
- 深刻な人手不足に陥る4つの原因を解決する
- 飲食店がインバウンド対策を行う理由6項目を把握する
- 具体的なインバウンド対策で他店との差別化をする
- インバウンド対策におけるデメリットにも注意する

[第7章]

繁盛店舗は
健康な人体と同じ

余命宣告される前の早期発見が成功への道

1 人の成長は店舗の運営と同じ

皆さんは、念願のお店を持たれて、さあこれから新しい人生のスタートだと思いがちですが、実は、それは人体が成長していく段階と同じように、店舗にも成長していく過程があるということを理解しておいてください。

●生誕期（0～3才）
=店舗オープン3ヶ月まで（不安定期）
●幼少期（3～12才）
=店舗運営3ヶ月～1年目まで（改善PDCA期）
●青年期（12～22才）
=店舗運営1～3年目まで（安定期）
●成人期（22～40才）
=店舗運営3～10年目まで（業態疲労・改善期）
●壮年期（40～65才）
=店舗運営10～20年目まで（地域密着経営or閉店かの転換期）

生誕期=不安定期・幼少期=改善期について

店舗のオープンを人体に例えると、めでたく赤ちゃんが生誕したことと同じです。と同時に、まだまだ不安定な時期でもあり、店舗においては今後を左右する重要な時期となります。

どういうことかというと、生まれてすぐの赤ちゃんは、さまざまな予防接種を行ったり、病気にもかかりやすい時期でもあり、これから強い体に必要な免疫を持っていくところから始まります。これを店舗に当てはめると、オープン後、数カ月は注目を浴びていろいろなお客様がご来店されますが（第4章店舗経営の構図参照）実は生まれてすぐの赤ちゃんが独り歩行もできないように、まだまだ世の中で、元気に軌道にのせて運営

経営不振は人体の病気と同じ

こんな問題に
悩まされていませんか？

そんな時は気がつかないうちに
ウイルスに侵されているかもしれません！

診察・治療について

病気・ケガ	経営不振・トラブル続き

お医者さんの診断・治療	**店舗の診断・改善**
病気やケガは放っておくと悪化するので お医者さんの出番です。	患者さんの健康状態を診察するように 経営者が診断・改善に導かなければいけません。

していけるような状態ではありません。

もちろん、オープンする前に念入りな開業計画に基づき準備は行いますが、実際にオープンしてからも、さまざまな問題、トラブルが起こることを想定しておかなければなりません。

オープン日によくあるトラブル例をあげておきます。

●発注食材が届かない
●備品等の不足が見つかる
●電気水道ガスで何らかのトラブルが発生
●施工における残工事、追加工事が見つかる
●在籍スタッフの数が足りない、当日シフトが組めない
●さまざまなクレームの発生
●提供時間の遅れ、オーダー受注間違い
●お会計ミス
●作業効率の悪さからトラブルが発生

などなど。

オープン初日だけでも、数々の大きなトラブルが発生する可能性があり、その後もしばらくはこういったトラブルが頻繁に発生する可能性があると思っていてください。もちろんオープン前のトレーニングで未然に防ぐよう対応することも重要ですが、発生する可能性がゼロではありません。ですから、オープン後に発生した後の適切な対処が必要となります。赤ちゃんも、生まれてから一か月までの処置、その後の三カ月までのさまざまな対応、一年目までの状況把握など、時期によっても発達や対処は違います。

これをオープン後の店舗に例えると

［1ヶ月目まで］：クレームが続出します。その後のリピートに繋がる対処が大事

［3ヶ月目まで］：スタッフもだいぶ慣れてくる時期で、引き締めが必要です。

［1年目まで］：店舗における適応性（継続できる強み）をしっかりPDCAします。

このように生誕期・幼少期は、まだまだ赤ちゃんがこれからしっかりと生きていける体づくりをしているのと同じで、お店もこれから永く運営していける店舗づくりをする大事な時期だということです。

青年期＝安定期について

この時期は、幼少期のPDCAサイクルをしっかり実行していれば、比較的安定した経営を行える期間だと言えるでしょう。しかし、油断できないこととして、その次に成人期が待ち受けていると言うことです。それまでにしっかり次の期間へと入っていく前の準備も同時にしておかなければなりません。

成人期＝業態疲労・改善期

店舗運営における成人期とは、人体においても同じことが言えます。それは、いつまでも健康な状態が続くわけではないということです。この時期にさまざまな生活環境や、精神的なストレスなどで体に異常が表れやすくなるのがこの年齢です。店舗でも青年期を終えて、店舗のいろいろな箇所に支障が出始める時期です。それを一つ一つ改善しないで放置しておくことで、手遅れになることもあります。店舗でも人体でも早期発見、早期治療が重要になってくるのがこの成人期となります。

壮年期＝地域密着経営or閉店かの転換期

この壮年期にさしかかると、人体でも店舗運営においても言えることは、健康な体か、元気な店舗かがはっきりとしてくるということです。

人においても同じ年齢なのに元気な人と病気がちな人で違ってくるのは、これまでの健康管理や人間ドックなどの健康診断による治療を行ってきたからでしょう。店舗運営においても、前の成人期で改善点などをPDCAしてきた店舗は、この壮年期においても、地域の方に愛され、いつまでも来店いただける元気な店舗運営が行えています。

しかし、それを怠った店舗には閉店という悲しい大きな節目の時期が訪れることになります。

人体も、一度体を壊すといろいろなところに支障が出てきます。ましてそれを放置したりすることで、手の施しようがなくなってしまい手遅れとなります。店舗でも同じように、改善点を放置したままにするとお客様はどんどん離れて二度と来店しなくなるでしょう。また、そんなお店で働く従業員も必要な教育を受けておらず、この先どこに転職しようとも十分な仕事はできないでしょう。

ですから、この壮年期が地域密着経営or閉店かが大きく分かれる人生の分岐点となるわけです。何度も言いますが、皆さんがどちらの道に行くかはこの壮年期を迎えるまでの心構えや取り組む内容によって変わるということです。

2 利益を生む＝繁盛店舗であり、経営不振＝店舗の病気

それでは、人体における病気と店舗運営における問題とは、具体的にどのような共通の考え方があるのかを説明していきます。

次の第8章の『1、出店形態を決める』でも説明していますが、一般的には、お店を永く運営していくことを目的とする方がほとんどだと思います。その場合、お店を運営する上での生命線ともいえるのは、『利益の創造』です。創造とは、これまでなかった無のものから新しく試行錯誤し、作り出してい

くということです。

店舗における利益に対しても、店舗自体がなかったところから、店舗を作り、人を雇い、料理を提供して、お食事代を頂き、掛かったコストを差し引いた残りから利益を生み出すという、いわば経営の本質とも言えるものです。

経営するためには、利益がなければ存続はありません。この利益の創造こそが店舗運営における重要な要素となりますから、この利益を生む繁盛店舗こそ健康な人体と同じだと言うことです。

また、店舗の運営において、管理していく重要な項目を人体に例えると『6つの人体構造』の仕組みに当てはまります。この6つの人体構造のどこかに問題があれば、店舗は病気にかかっているということになります。それでは、この『6つの人体構造』について次項で詳しく説明いたします。

3 健康な人体で例える『6つの人体構造』は繁盛店舗と同じ

最初に、次項に載せている『繁盛店舗は健康な人体と同じ』の図をご覧ください。この図を見ても分かる通り、人体の生命を保つために必要な構造は6つあります。

これらの構造における要素は、店舗に置き換えると、店舗を運営・継続していくための重要な要素だと分かると思います。

①食事＝お客様満足度（CS）

食事とは人間が生きていく上で、無くてはならない生命線ともいえるものです。お客様満足度とは、飲食店における、新規客獲得・リピート客獲得をできるためのお客様満足度（CS）があるかないかを判断する重要なバロメータとなります。そういう意味では、この数値が低いか高いかは、お店が存続できるかどうかの生命線となるということです。

繁盛店舗は健康な人体と同じ

店舗は人体と同じこの基本の6つから成り立っています。
もし、これらのどれかに問題があれば、店舗は病気にかかっているという事です。
同じ病名でも治療の仕方は人によって千差万別です。

脳＝達成感・感動

お店で例えるならば
目標達成・改善・理念の浸透
ホスピタリティの浸透

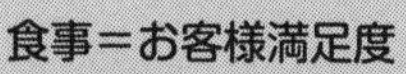

食事＝お客様満足度

新規開拓・売上・リピーターの獲得
口コミ・満足度からのリピーター

身体＝外観

ショップコンセプト
店 PR の打ち出し
販促の強化

各臓器＝各マネージメント

売上管理・コスト管理
商品開発・販売促進
衛生管理・クリンリネス管理

血液＝接客

意識・感動の共有
危機管理・リスクヘッジ
チームワーク・店舗愛
社会人としてのマナー
従業員教育
接客兼対応

ばい菌＝トラブル

解決策として PDCA があります。
「Plan＝計画」「Do＝実行」
「Check＝評価」「Action＝改善」
を繰り返し行うことで、仕事を改善・
効率化することが可能です。
食中毒・トラブル・クレーム・破損
などのトラブル

問題点の早期発見＝定期的な検診

定期的な検診が問題点の早期発見に繋がります。
店舗診断・飲食店ドッグを継続することにより
「繁盛店舗＝健康な人体」を維持する事ができます。

②身体=外観

人間の身体とは、その人の特徴、ふるまい方、身なりから感じる個性など、その人を表す大きな要素と言えます。

店舗においても、店舗の中に入る前に、店舗近くの外を歩いている人々には、いろいろな情報が伝わることになります。その情報こそが、最初にお客様に与える、店舗の顔、印象そのものとなります。人も見た目からいろいろなメッセージを得ることができるように、店名の特徴、店舗前でのメニュー看板の打ち出し、外観デザインなど、さまざまな内容をいかに上手くお客様に伝え、店内へと誘導できるかがカギとなります。

③ばい菌=トラブル

人体にはさまざまな脅威があります。怪我もすれば、病気にもかかります。不意の事故による損害もあるかもしれません。これらのことは、当然、日常における店舗運営でも起こり得ます。お客様からのクレームや、人手不足による障害、食中毒も大きなダメージです。また停電や雨漏りなどの水害、器物破損などの外的要因もトラブルの一つです。

これらを、すべて未然に防ぐことは不可能ですが、曖昧排除・凡事徹底という言葉を基にPDCAしていくことで、リスクヘッジすることは可能です。

④脳=達成感・感動

人体における脳とは、喜怒哀楽、さまざまな神経に繋がる信号の発信など、人間の感情をコントロールする重要な構造です。店舗運営においても、どのような理念に基づいて、店舗が存在しているのか、そのための掲げる目標とは何か、それが成し遂げられた時の達成感や、躍動感、逆に挫折感からの悔しい気持ちによって人をどう導いていくか、といったマインドがとても重要です。

また、お客様へのホスピタリティー精神から接する無償のサービスや、そのやりがいや感動といったことは、人が人間らしくあるために考えることと同じで、飲食店でも店舗らしくいかにあるべきかを考える重要な要素となります。

⑤各臓器＝マネージメント

人体において、各臓器は、それぞれが連携して健康な体を維持するための重要な機能を果たしています。それは飲食店経営においても非常に重要なポイントで、売上管理、コスト管理、商品開発、販売促進など、さまざまな項目がそれぞれ連携して成り立っています。これらの各マネージメントをいかに管理し、正常に機能させていくかは、人体の各臓器をいかに健康に機能させるかということと、同じことだと言えます。

⑥血液＝接客

血液とはまさに人体の隅々まで行き届いて循環するものです。これは接客に例えると、お客様に対して、隅々まで行き届いたサービスが行えることと同じだと言えます。

しかも血液の中にも赤血球や白血球、血小板などそれぞれに重要な役割があり、それぞれが正常に機能することで、ひとつの健全な血液の循環を形成しています。

ここでいう店舗の健全な循環する血液とは、お客様に隅々まで行き届いた接客サービスを行っていくために必要な、人体でいう赤血球や白血球、血小板などにあたる各必要項目の健全性ということになります。

その健全な血液を、店舗の隅々まで、行き届いた接客サービスとして浸透させることができてこそ、元気な繁盛店へ導いていけるわけです。

4 定期的な人間ドック＝飲食店ドック（店舗健康診断）の重要性

本章の見出しにもあります『〜余命宣告される前の早期発見が成功への道〜』という言葉にあるように、健康な人体、元気な繁盛店において大切なことは、問題点の早期発見ということです。人体にしても店舗にしてもこれまで述べてきたように、生誕期から壮年期までにいかなる原因がきっかけで、病気を引き起こすか分かりません。店舗では、そうならないための日々のＰＤＣＡを行いながら、健全な状態を維持していくわけですが、それでも完全には防げるとは言いきれません。

なぜなら、改善するために必要な正しいＰＤＣＡサイクルか、そうでないＰＤＣＡサイクルかの判断は、あくまでも自己判断による管理だからです。

例えば、少し風邪気味だなと思い、暖かい服を着て、市販の風邪薬を飲んで、安静にしていようと言う試みは決して間違ってはいませんが、この症状が果たして本当に風邪なのかどうかは、あくまでも自己判断によるものです。

もしかすると風邪ではなく、重大な病気にかかる前の危険サインなのかもしれません。

店舗運営においても、あるクレームが起こり、それをその場では適切に対処できたとしても、実はそのクレームの根本は解決できておらず、更なる重大なクレームを引き起こす可能性もあります。

そのような場合に、本当の原因をどのように発見していくのかというと、定期的な検診が問題点の早期発見・解決に繋がります。

人体においては、病院へ行って人間ドックを受けたり、職場の健康診断を受けたり、献血センターでも血液検査はしてもらえます。

店舗においては、このような検診できる施設がなかなか存在しませんが、一番簡単にできることは、お客様の意見をその場で頂戴することです。そのツールとしてアンケートをご来店するお客様に記載していただくだけでも、健康診断を受けたことと同じ効果があります。また、定期的にモニターを募り、お店で実際に食事をしていただき、その結果を生の意見として聞かせていただくこともひとつの方法です。

しかし、これらはあくまでもいちお客様のご意見ですから、病院の専門医のように、プロの目線から店舗の状態を診断してもらうのであれば、次の第8章の『3，コンサルティング会社へ出店サポートを依頼する』において説明していますが、優秀なコンサルタントを選別して依頼するのも一つでしょう。

これらのことを踏まえたうえで、定期健診＝人間ドッグ。店舗で例えると飲食店ドッグを継続することにより『健康な人体＝繁盛店舗』を維持することが可能となります。

第7章のまとめ

1時間だけで要点を学ぶポイント！

- 店舗の成長は人の成長と同じ、成長の過程に応じた店舗展開が必要
- 利益が出るのは健康であって、経営不振は病気のサイン
- 人体の生命を保つために必要な6つの構造は店舗経営にも当てはめられる
- 人間同様、店舗にも定期的な健康診断が重要である

[第8章]

第2の人生のスタート

脱サラ、スポーツ選手引退後、独立、転職、副業など
はじめて飲食店経営にチャレンジされる方へ

1 出店形態を決める（デリバリー・テイクアウト業態について）

出店する上で、初めに考えなければいけない大事な要素とは、

A 自身でやりたい出店形態を決める

B 自力出店か他力出店（コンサルティング会社を探す）か決める

「A 自身でやりたい出店形態を決める」についてですが

1、テナント（物件契約をした出店）

2、キッチンカー（販売場所を固定しない出店）

3、スポット出店（一定の期間だけ、場所や時間を絞って出店）

4、スキマ出店（片手間で空いた時間を有効活用した出店）

5、趣味出店（自分の好きなスタイルで営利を度外視した出店）

6、気まぐれ出店（奨められたのでなんとなくやってみようとする出店）

7、デリバリー・テイクアウト（イートイン店舗・ゴーストキッチン店舗）

と分類すると、この著書で書かれていることは、1番であり、世間でいう一般的な飲食店経営の出店形態だと言えます。

2〜3番は、ここ近年増えてきている形態で、飲食店経営の中でも、違った要素が必要となります。例えば、出店場所の獲得のための地域コミュニティが必要であったり、日々開催されるイベントに参加できるための情報網も必要です。また初めて行うには経営収支が安定しにくいため、日々の運営計画も重要となります。

4〜6番までは、私は飲食店経営の枠組みと位置付けておりませんが、この形態は人によってさまざまですから、動機の良し悪しではなく、出店ストーリーが自分にとってどこにあるかを把握しておくことは重要です。

また、7番のデリバリー・テイクアウト（イートイン店舗・ゴーストキッチン店舗）については、現在マーケットが拡大していることもあり、詳しく触れておきたいと思います。

通常、デリバリー・テイクアウトを行うにあたっては、2つの形態に分かれます。

●**イートイン店舗**

●**ゴーストキッチン店舗**

イートイン店舗においては、メリット、デメリットを踏まえておく必要があります。

〈**メリット**〉

1、販売ルートの拡大

デリバリーやテイクアウトであれば、店内飲食以外の食シーンに対するお客さまを開拓することで補完できる可能性があります。

2、既存設備と人員で対応でき初期投資を抑えられる

外部のデリバリーサービスを利用して始める場合には、配送スタッフはデリバリーサービス会社の配達員によって行われるため、既存の厨房スタッフやホールスタッフだけでも充分に対応できます。

一方、自社で配達する場合には、配達スタッフの採用、チラシの配布など作業工数やコストが発生してしまいます。

〈**デメリット**〉

1、新しくコストがかかる

料理を入れる容器以外にも、わりばし、ビニール袋など、イートイン形態では使わない備品を用意する必要があります。またそのコスト増加により、販売金額の見直しを行なわないと収益構造が変わる場合もあります。

2、メニューの調理方法・宣伝にも工夫が必要

配達中に商品が冷めてもおいしさや見た目を維持出来

るように工夫が必要になります。また、宣伝で使用するメニューや、ＰＯＰもイートインの際の店内打ち出しとは違う工夫やデザインを求められます。

3、店内飲食とデリバリーの同時オペレーションの構築が必要

デリバリーやテイクアウトを始めることによって起こる課題の1つとして、店内で飲食をするお客さまへの接客対応と、デリバリー受注からの配達対応、テイクアウトへの対応を同時に行う必要が出てくる点があります。

また、デリバリーにおける販売戦略も重要となります。配達しようとするエリアに対して、以下の項目を抑えておく必要があります。

- **●ターゲット層を決める**
- **●自店舗の商圏（周辺エリア）に対して、ポスティングや新聞折り込み等を行う**
- **●デリバリーサイトの活用（配達員の委託・手数料の検証）**
- **●SNSを使って自社の宅配、デリバリーサービスを拡散したり特典をつける**
- **●自社HPの強化（グーグルアナリティクス活用・配達情報の詳細提示）**
- **●周辺施設・法人・大型注文向けデリバリーの受注**
- **●商品力強化（量・アイテム数・利用幅・質）**
- **●人的営業（営業ツール・エリア分析）**

次に、ゴーストキッチン店舗ですが、別名バーチャルレストランなどとも呼ばれ、一般的なデリバリーやテイクアウトを行うイートイン店舗の進化版と言えます。通常、一等立地の賃料は高く、キッチンと座席の両方を備える通常店舗のための設備投資がかかります。

しかし、ゴーストキッチン店舗は、調理をするキッチン設備のみで、デリバリーや持ち帰りをする顧客のみをターゲットにしており、現在マーケット規模が拡大しています。このゴーストキッチンの優れているポイントは3つあります。

1、「調理のみに特化」しており、初期投資も低く、キッチンと食材、あと料理人がいればビジネスが成り立つ

2、人が集まらない場所でも出店ができるため、「地代が安くできる」

3、「既存設備利用、効率的な食材利用、同じスタッフで調理可能」を実現することにより、1つの店舗で複数のジャンル業態を持たせ、全く違う商品を販売できる

3番においては、例えば一般の人がWEB上の出前注文サイトを見て、それぞれ別の箇所に掲載されているパスタ専門店と、とんかつ専門店で注文したとしても、まさか、同じキッチン内で調理し、販売している同一店舗の商品だとは、誰も気づかないわけです。

また、テイクアウトを行う場合において、外の店構えを半分唐揚げ屋さん、半分をカレー屋さんとして店頭を区切って看板を出したとしても、一見、お客様は別々の店舗だと思うかもしれません。(例外として、同一従業員の対応、外からのキッチンの見え方によっては、そう思われないケースもあります)

要するに、いかに一店舗における設備投資を節約し、効率よく食材を利用しながら、同じスタッフによる人件費の削減に繋げられるか。これがゴーストキッチンの重要な出店ポイントになります。

ゴーストキッチン店舗のリスク

コロナ禍によって、家で食事をする内食需要は極端に増加しました。そのため、今後もゴーストキッチンは増加する傾向にあります。

しかし、「〇〇専門店」というキャッチコピーを並び立てたり、美味しそうに見える画像だけを用意し、実際は冷凍食品を温めただけのフリをして営業する店舗も存在します。そういった店舗とは、一線を画すような発信をしていく必要もあるでしょう。

また、店舗の管理体制においても、当然リスクもあるわけです。お店が繁盛することによって注文過多による生産ラインの限界、使用食材量の増加による管理体制の不備、調理する人手が足りなくなるなど、注文数を増やせばいいというわけでもありません。それに応じた体制作りが必要となってくる場合もあるということです。

2 第2の人生の出店ストーリーとは

次に第2の人生をスタートする方とはどのような方がいらっしゃるのでしょうか。

- **飲食業はもちろん別事業を営む経営者・ビジネスマンの人々**
- **新しい環境を求めて脱サラしたサラリーマンの方々**
- **引退後の新たな人生のスタートを切るスポーツ選手**
- **飲食業界で長年務めていたが、いよいよ独立する方**
- **全くの異業種からの転職する方**
- **本業とは別に副業として新規参入する方**

こういった方が多いかと思います。

念入りな開店計画

店舗閉店

苦労してせっかく貯めた財産を
ムダにしてしまいます。

繁盛店舗経営

適切なコンサルタントに相談するだけで
全く違った世界が実現できます。

出店はできても継続するのは簡単ではありません。

＝

出店　お金

出店するだけなら資金があれば
お店は出せます。

＝

店舗継続　運営知識

店舗を継続するには
お金ではなく知識や経験が必要です。

運営方法で比べる廃業する確率

ビジネス書や人に聞いた知識だけで出店・運営

年数	閉店する確率
1年後	50%
3年後	70%
5年後	**90%**

適切なコンサルタントに依頼・相談して出店・運営

年数	閉店する確率
1年後	5%
3年後	10%
5年後	**20%**

私は、これらの方々から相談を受ける際に、特にこの2点をお伝えしています。

1点目に、『あなたはお店の出店を、どのような日常のスタイルで行いたいと考えていますか』

2点目に、『お店を持つことは、誰でも資金さえあれば100%可能ですが、10年間利益を生み続けるお店を継続できる確率は10%にも満たない』ということです。

なぜこの2点をお伝えするかというと、まず冒頭でも記載した、出店形態に紐づきます。

1点目の、お店を運営する(したい)期間によって、運営方法や心構えが変わるからです。

例えば、ロードサイドやビルインに構えて毎日同じ場所で経営するスタイルは、決まった立地や環境でお客様に来店してもらうためにどうするかを考えていくことが求められます。

しかし、キッチンカーやスポット出店のように、日々変わる立地やその都度さまざまなイベント場所に出店する経営スタイルは、移動距離や、仕込み時間、立地条件もその日によって変われば、出店に関する経費もその都度変わります。

これは、どちらにおいてもメリットデメリットがある中で、それぞれの形態でのやりがいのある仕事だと思います。ですが、どちらにおいても成功するかは全く別の意味合いです。

2点目の『お店を持つことは、誰でも資金さえあれば100%可能ですが、10年間利益を生み続けるお店を継続できる確率は10%にも満たない』ということに対しては、以下の理由が挙げられます。

［ご自身で出店する場合］

①綿密な開業計画を立てていない

②開業計画に必要なことを自分基準で決めてしまい、不足部分を補えていない

③開業計画だけでなく、オープン後の運営計画を立てていない

④同じく運営計画を自分基準で決めてしまい、不足部分を補えていない

⑤自身の不足分を補う必要性に気づけていない

⑥不足部分をどう補うか分からないため、なんとなく開業してしまう

⑦飲食事業で簡単に儲けられると思っている

⑧不足部分を補うために知識を学んでいない

［他社へ依頼する場合］

⑨自力出店か他力出店（コンサルティング会社へ依頼する）必要があるか判断できない

⑩不足部分を補うため、どのコンサルティング会社にすればいいか選別ができない

⑪良いコンサルティング会社に依頼できても、契約内容に対価や、信頼度や愛着心（ロイヤルティ）が理解できないため、必要性を感じない

⑫よってご自身で経営を行い、結果、失敗することで資金を棒に振ってしまう

大きく挙げると、こういったことでしょうか。

特に①～⑧番までの（ご自身で出店する）場合においてお伝えすると、飲食店を営むことには、人それぞれの夢や目的が存在します。それらを達成するためには、『開業のための念入りな事業計画』『開業後の継続できるための運営計画』が必要になってきます。しかし、残念ながら新規で飲食店を開業しようとする人の8割以上はこれらの計画性が無いまま開業していて、その数字の多さに驚かされます。

皆さんは、休日の日に家族や友人らとドライブに出かけようとするとき、道路情報や休憩場所、目的地での行動計画などを立てずに出発することはないと思います。もし計画性なく目的地に向かった場合、交通渋滞に巻き込まれたり、道に迷ったり、はたまたたどり着いた施設が休館だったなど、悲惨な目にあうこともあるでしょう。このように飲食店を営む上での計画性がなかった場合、当然あなたが最初に志した夢や目標を叶えられる訳が無いということです。

それでは、なぜ計画を立てないのでしょうか、それは飲食店が客として日常利用する比較的馴染みのあるもので、なんとなくご自身でもやれると勘違いしてしまう方がいるからです。

また、常に時代は新しい運営方法が生み出されています。その吸収や学習をしない方々もいらっしゃいます。また、⑨〜⑫番のように、（他社へ依頼する）場合における開業に必要な計画そのものを、コンサルティング会社に依頼してこられる方々もいらっしゃいます。ですが、コンサルティング会社に依頼するにもいろいろなメリットデメリットがあります。

これらが、この章の冒頭でも説明した「出店する上で初めに考えなければいけない大事な要素」でもあります。

本章で最初に説明しました項目『1，出店形態を決める』において、「**B，自力出店か他力出店（コンサルティング会社を探す）か決める**」について説明いたします。

自力出店の方は、ご自身の力で出店できると思いこみ失敗する方が沢山います。では他力出店の選択肢を選ぶのかというと、これも選ばない方が沢山います。何故なら、そこにかける費用の必要性があるかないかの見極める判断ができないからです。その見極めができないのなら、まずその判断自体を多くの方や、コンサルティング会社の無料相談窓口などで相談したほうがいいでしょう。それを踏まえて、自力出店の方はよく注意していただき、この著書も参考にしていただきながら、開業計画を進めていただきたく思います。

他力出店の方については、このあと詳しく説明していきたいと思います。

私が提唱する飲食店におけるコンサル会社の適応性とは『現場での運営経験と組織の作り方を把握しているか』に尽きます。

これは、どのコンサルティング会社にも言えることですが、机上の空論で物事を提唱する会社が多く存在します。一見、理論に基づいているのですが、実際現場で運営を行うのは、現場のスタッフです。そのスタッフにいかに動いてもらうかが、本来の成功への道筋ですが、そこには根拠がない場合が多く、それをいうなら人をいかに動かすかという理論から学ばないといけません。

私は、正しい理論に基づいてコンサルティングがどうあるべきかの本質を考えてきました。

結論として、コンサルティングとは、クライアントと対等であり、教える立場などではないということです。コンサルティングとは、言い換えると『アドバイザー』であり、飲食事業においては『フードアドバイザーとして、あなたのお店のお手伝いをご一緒にさせていただきます』というスタンスだと私は常に心掛けて臨んでおります。

その中での対価を感じていただき、サポート費用を堂々と受け取る仕事ができることこそ、フードアドバイザーの役割だと信じています。

是非、初めて開業する方々がコンサルティング会社を探している場合、『ああしましょう、こうすればうまくいきますよ』などのフレーズで、あなたが出店しようとする場所の地域性や適応性に関係なく、一つの繁盛店だけをモデルに宣伝をするようなコンサルティング企業なのか、私が提唱する『お店の出店を、どのような日常のスタイルで行いたいか』『10年以上続く飲食店経営を実現させる』という2点の着目点がある企業なのかを判断材料の一つにしていただければと思います。

その上で、大きな問題点は、自力出店か他力出店（コンサルティング会社へ依頼）する必要があるかの判断ができないこと、判断ができないまま、自力出店して結果、失敗してしまうことにあります。

その解決方法は、出店する経営者自身（クライアント）が成功へと導く力がどのくらいあるか、ご自身の力を判断し、依頼することの必要性がどのくらいあるかどうかを、日頃からどのような形で把握されているかが、重要なカギとなります。

なぜなら、経営ノウハウを売り商品として事業を行うということは、クライアント側がノウハウを持たない分野だからこそ、必要とされて依頼をされるわけです。この必要性（ロイヤリティ）を開業する前の段階で感じれないことにより、コンサルティング会社にサポート費用を払うぐらいなら、経費を節約して自力で準備をして、浮いたお金で必要機材の購入資金に回したり、オープンまでにかかる、材料費に充てたりと目先のお金に囚われがちです。ですが何度も言うように、それで失敗する方は沢山います。

失敗しないためには、やはり飲食店経営を甘く見ないことです。むしろ飲食店経営で10年間繁盛して続いているお店は、10％にも満たないとご説明した言葉からも、より慎重に自力出店ができるのか、他力出店のほうが経費はかかっても必要なことなのかを判断することから始めるべきです。

私は、人生において

●**20代はとにかく働き、へこたれずいろいろな『失敗を経験して世界感を広げる期間』**

●**30代は20代の経験を基に、いろいろな『チャレンジをして社会経験を積む期間』**

●**40代はチャレンジした経験から、『何が成功するのかを見極め結果を残す期間』**

●**50代は成功から生まれる失敗を基に『更なるブラッシュアップを行う期間』**

と位置付けています。

これから第2の人生を新たに始められる方にとって、どこまで20代のような準備が今からできるでしょうか。その判断も必要で、もしできないと判断するなら『現場での運営経験と組織の作り方を把握している』コンサルティング会社に是非とも無料相談をしてみてください。

第8章のまとめ　1時間だけで要点を学ぶポイント!

●店舗経営のスタートは出店形態を決めることから始まる
●出店形態には様々な種類があるので、自分のスタイルを決定する
●デリバリー・テイクアウト業態はイートイン店舗・ゴーストキッチン店舗で分かれる
●お店を持つことは、誰でも100%できるが、10年間利益を生み続ける確率は10%に満たない
●自力出店のノウハウがない場合はコンサルティング会社に依頼することも一つである

おわりに

1 著者ご挨拶

この書籍を手に取り読んでいただけた読者の方々に心から感謝申し上げます。

私のこれまでの飲食事業経営の人生を振り返ると、さまざまな経験を重ねてきたことが改めて私自身も思い起こさせられました。まずは、多くの関係者の方々に感謝をお伝えさせていただきます。ありがとうございます。私の人生においてこの飲食業は天職だと受け止めております。これまでも決して成功だけでなく、失敗も経験する中で、私の経験を最後に皆様にお伝えいたします。

飲食店に限らず、どの職業においても、その仕事を愛する気持ちが重要だと思います。その気持があれば失敗しても何度でも立ち上がれます。また、私の好きな言葉で新渡戸稲造さんの「人の長所に目を向けて、人の短所に目をつぶれ」という言葉があります。これは結婚した夫婦、会社の人間関係、友人同士、どなたにも当てはまる言葉で、人の悪い所ばかり目につくようになりがちだが、人のいい所を見ようとする意識があれば、おのずと信頼関係が生まれ、これからも人間関係はずっと上手くいくという意味です。

私は、今後の飲食業界において、このような言葉を大切にできるような人材が集まり、これからも、日本の未来を担う素晴らしいホスピタリティと接遇に満ちた職業になってもらいたいと思っています。読者の皆様、今後もこの書籍と共に、著者：鎌田哲至という人間を心の片隅にでも覚えていただけたら幸いでございます。

最後に私の会社の社訓をご紹介させていただき、私のご挨拶とさせていただきます。

2 社訓紹介

我々は、数時間の滞在時間の中でお客様に感動を与え、スタッフ全員で共有する究極のサービス業のもとに働いています。その職業を我々は、『感動共有業』と呼んでいます。

このような特殊能力を身に着けるために日々鍛錬しているにも関わらず飲食業という枠組みの社会的な位置づけは、３Ｋ（汚い、危険、きつい）を代表するように決して高いものではありません。

我々は、飲食業が飲食士という資格のもとに、社会で恥じることなく誇りをもって働ける『感動共有企業』にしていくことを使命として開業致しました。

これからも究極のサービス業として『感動共有企業』を創造し、社会で恥じない職業として取り組み、受け継いでいくことを実現して参ります。そして従業員の皆さんが、安心して将来の人生設計を描ける待遇と信頼を勝ち取れる飲食店を創っていく事を使命として私自身取り組んで参ります。

鎌田哲至（かまだ・てつろう）

大阪芸術大芸術学部建築学科卒業。在学中に和食料理店勤務をしながら調理師免許取得。卒業後、スターバックスコーヒージャパン株式会社勤務。多店舗展開における店舗運営全般･ブランド経営に携わる。その後、株式会社ベンチャー・リンク、グループ企業である株式会社プライム・リンクで勤務。フランチャイジー戦略、飲食経営全般に携わり、主に、『牛角』『とりでん』ブランドを全国に展開。２００３年８月、愛媛県松山市に有限会社アクティブ・フィーリング設立。店舗運営事業を行う。飲食事業における多業態の店舗展開。２００５年７月コンサルティング・フードアドバイザー事業を行うアクティブ・モダン設立。全国の飲食店経営者様の運営支援を行う。大阪王将の海外事業支援にも携わり１年間香港に駐在。飲食業の地位向上、飲食業を飲食士という資格制度のもと、夢のある職業とする使命感を持ち続けている。

外部からの冷静で的確な「眼」と、実際の現場でスタッフと共に強い店を築いてきた両方を持つ。

Mail: t.kamada@activefeeling.co.jp

http://activemodern.com/

http://activefeeling.co.jp/

1時間で要点学び！10年続く繁盛店づくり

2024年1月18日　初版発行

著者　鎌田哲至
発行者　和田智明
発行所　株式会社ぱる出版

〒160-0011　東京都新宿区若葉1-9-16
03(3353)2835―代表
03(3353)2826―FAX
印刷・製本　中央精版印刷(株)
本書籍に関するお問い合わせ、ご連絡は下記にて承ります。
https://www.pal-pub.jp/contact

ISBN978-4-8272-1413-0　C0034